公共经济与公共政策 齐鲁文库

马万里　著

中国式 财政分权、政府教育支出偏向与城乡收入差距
——理论及实证

Chinese-Style Fiscal Decentralization,
City-Biased Government Education Expenditure
and Urban-Rural Income Gap

–Theoretical and Empirical Study

经济科学出版社
Economic Science Press

图书在版编目（CIP）数据

中国式财政分权、政府教育支出偏向与城乡收入差距/
马万里著．—北京：经济科学出版社，2015.8
（公共经济与公共政策齐鲁文库）
ISBN 978 - 7 - 5141 - 6024 - 6

Ⅰ.①中…　Ⅱ.①马…　Ⅲ.①财政分散制 - 研究 -
中国②教育财政 - 研究 - 中国③居民收入 - 收入差距 -
城乡差别 - 研究 - 中国　Ⅳ.①F812.2②G526.7③F126.2

中国版本图书馆 CIP 数据核字（2015）第 206218 号

责任编辑：柳　敏　段小青
责任校对：杨　海
责任印制：李　鹏

中国式财政分权、政府教育支出偏向与城乡收入差距
——理论及实证
马万里　著
经济科学出版社出版、发行　新华书店经销
社址：北京市海淀区阜成路甲 28 号　邮编：100142
总编部电话：010 - 88191217　发行部电话：010 - 88191522
网址：www. esp. com. cn
电子邮件：esp@ esp. com. cn
天猫网店：经济科学出版社旗舰店
网址：http: //jjkxcbs. tmall. com
北京汉德鼎印刷有限公司印刷
三河市华玉装订厂装订
710 × 1000　16 开　12. 25 印张　160000 字
2015 年 10 月第 1 版　2015 年 10 月第 1 次印刷
ISBN 978 - 7 - 5141 - 6024 - 6　定价：30. 00 元
（图书出现印装问题，本社负责调换。电话：010 - 88191502）
（版权所有　侵权必究　举报电话：010 - 88191586
电子邮箱：dbts@ esp. com. cn）

公共经济与公共政策齐鲁文库

编 委 会

总　序

　　"齐鲁文库"和"研究报告"本次共出版 5 本专著。它们都是从两年多来山东大学财政学团队师生的研究成果中严格甄选而出，选题具有问题导向、改革关切的特点，分析具有注重实证、力求规范的风格，既体现出一些独到可贵的思想，也折射出新一代学人的责任担当。

　　改革发展的总体方向是建立法治、规范、公平、高效的现代财政制度。"财政是国家治理的基础和重要支柱，科学的财税体制是优化资源配置、维护市场统一、促进社会公平、实现国家长治久安的制度保障。"这是对嵌入国家治理体系的财政的更高定位。而建立现代预算制度、构建现代税收制度、完善激励相容的分级财政制度是现代财政制度建设的重中之重。李华教授等和葛玉御的著作都是针对完善我国税收制度，更好发挥其优化资源配置、促进社会公平功能展开研究的。李华教授等著的《优化中国税收结构的方向和路径研究》，系统比较分析了发达国家、金砖国家税收结构演进历史和一般规律，总结了经验启示，从我国税收结构的现状和效应出发，找出存在的主要问题，以进一步提高直接税比重为重点，提出了税制改革建议。葛玉御博士的《我国个人所得税的收入分配效应：

新视角的评估》则从我国个人收入和财富分配差距拉大的现实问题出发，选取了个人所得税的收入调节效应评估这一并不鲜见的研究课题，从现有税制整体、漏征极高收入和未来收入增长三个新视角进行了富有新意的评估，得出了如下结论：个人所得税的收入调节效应在所有税种中位列榜首但效应偏低；在一定范围内，居民收入水平的提高会使个人所得税的收入分配效应先增强后减弱。

　　中国财政改革发展的一个重要方面是建设民生财政。笔者以为，民生财政即是反映支出结构调整、受益全民覆盖这一内容的公共财政。当集中体现民生财政的教育支出、社会保障支出实现全民覆盖之后，制度及其实践如何更加公平高效便提到了议事日程。马万里博士的《中国式财政分权、政府教育支出偏向与城乡收入差距》，从理论上勾勒了中国式财政分权下经济增长型激励机制及其对地方政府行为、城乡收入分配差距的影响机理，并基于第六次人口普查数据和其他相关数据进行实证分析，证明工资性收入差距是我国城乡收入差距最主要的影响因素，教育人力资本差异是我国城乡工资性收入差距的主要原因，而中国式财政分权是城乡教育人力资本差异的体制原因。范辰辰博士的《我国新型农村社会养老保险的经济效应研究》，通过建立具有异质性的世代交叠模型，采用多种计量方法进行实证分析，得出了新农保具有减贫、增收效应和"挤出"农村居民家庭消费以及农村居民劳动供给的结论。

　　中国财政改革发展的另一新趋势是"大国财政"新战略新格局。这是国际财政关系的新发展，与国家财政整体息息相关。经过30多年改革开放推进和整体实力提升，中国已经从一个"天然大国"逐步成长为一个经济大国、政治大国，在国际事务中扮演着更加重要的大国角色，在国际公共品供给中承担着更加繁重的大国责任。加强国际公共品供求理论的研究显得尤其必要。李娟娟博士的《集体行动视角下的国际公共品供给研究：一个理论分析逻辑及应用》运用集体行动理论，集中分析国际公共品的客体属性、主体特征与国际公共品供给制度安排的关系，探寻促进公共品供给的途径，并对亚洲基础设施投资银行和金砖国家开发银行等金融类公共品案例给出了理论解释，阐明了中国在参与国际公共品供给中的身份定位和相应策略。

衷心感谢吕萍总编、赵立女士和她们的团队多年来提供的专业、优质、热情的出版服务，我们深感作者与编者的默契和友谊弥足珍贵。

是为序。

樊丽明

2015 年 8 月 21 日

序　言

　　中国经济在经历30多年高速增长的同时，收入分配差距尤其是城乡收入差距几乎位居全球之首，已成为全社会普遍关注的问题，也是我国今后经济和社会协调持续发展的羁绊。因此，深入探讨缩小收入分配差距和改善收入分配状况的理论和对策，具有重要的理论和现实意义。

　　呈现在读者面前的是马万里博士在其博士论文基础上完成的学术专著。这部专著基于对我国政府教育支出现状的实际考察，深入细致地探讨了中国式财政分权对城乡收入差距影响的理论基础和传导途径，又以实现城乡收入差距合理化和增加农村居民收入为落脚点，探索构建中国式财政分权对城乡收入差距的影响机理与传导机制，并提出改进财政支出政策和改善收入分配状况的政策建议，这对于制定有利于经济可持续发展的调节城乡收入差距政策而言同时具有理论创新价值和实践应用价值。

　　与以往的研究不同，这部专著把财政分权及地方政府行为、政府教育支出、城乡收入差距等这些看似互不相干的问题纳入到一个分析框架进行深度透视，努力探究财政分权对城乡收入差距的影响机理，其所揭示的逻辑在于：中国式财政分权所特有的政治晋升考核机制、地方政府财政激励与官员个人的寻租活动，导致地方官员为实现经济增长而实行高度偏向城市的支出政策；而现有财政体制的不规范，加之地方政府为增长而竞争，进一步强化了城市偏向型的教育支出，致使对农村的教育投入不足，影响了农村居民的受教育程度，从而造成城乡教育人力资本差异和城乡收入差距的扩大。在实证分析和政策运用方面，基于内生经济增长模型构建了中国式财政分权、教育支出偏向对城乡收入差距影响的数理模型，并采用统计与计量实证工具进行实证检验，提出具有针对性的调节城乡收入差距的政策建议。

　　该项研究成果体现了几个方面的特点和创新：（1）研究视角新颖。作者基于财政分权的视角，确立了财政分权对城乡收入差距影响的理论基础，建立了相应的分析框架和数理模型，又择取教育人力资本差异和地方政府教育支出偏向城市的相关指标探究财政分权对城乡收入差距产生的影响。（2）理论创新显著。成果系统构建了中国式财政分权下地方政府的激励机制，通过详细分析财政分权理论，创建了包含财政激励、政治激励和个人收益激励在内的增长型激励机制框架。（3）研究方法独特先进。以博弈论为基础分析地方政府的行为选择，借鉴博弈论和标尺竞争的有关思想，建立了地方政府的行为选择分析模型，并通过模型分析推导出增长型激励机制导致地方政府博弈竞争加剧、公共品供给城市偏向和城乡收入差距扩大的可信结论。（4）实践参考价值突出。成果揭示了中国式财政分权对城乡收入差距的影响机理与传导机制，以内生经济增长模型为基础，以政府教育支出为例，推演地方政府教育支出偏向城市对城乡收入差距的影响，最后从多维度提出了改革的政策建议，不少建议颇具匠心，对指导我国的收入分配制度改进和财政体制改革实践具有一定参考价值和指导作用。

　　众所周知，无论收入分配关系改善，还是财政分权制度改革，都是非常复杂的研究课题和庞大的系统工程，也是进一步深化改革和实现持续发展的攻坚战，因此需要宏观战略上的思考和全方位的改革举措的推出，这绝非本书能够胜任的。正因如此，加之篇幅所限，本书难免存在某些不足和局限：主要以政府教育支出为例分析了它对城乡收入差距的影响，但所研究的支出项目的单一性可能使之缺少了全面性和完整性；没有把诸如城乡居民财产分布、劳动力流动、个人偏好等涉及城乡收入分配的更多影响因素纳入研究视野和分析框架。当然，我们不应苛求一项研究或一本著作能够解答所有这些热点和难点问题，所以，我们也期待有更多更好的研究成果产生出来。

　　多年来，马万里博士一直坚持围绕财政分权的研究主线刻苦钻研，取得了不菲的科研成绩，在校读博期间荣获了国家奖学金和校长奖学金。他还参加国家社科基金重大、重点项目和山东大学自主创新基金项目等多项课题的研究，科研能力和水平不断提升，具备了优良的学风和较高的学术造诣。作为他的博士生导师，我为他在学术研究和执教生涯中取得的每一项成绩而高兴，也为山东大学财政学科培育出像他这样众多的精英才俊而欣慰。

　　祝愿马万里博士和青年学子们奋发有为，成就卓著！

　　是为序。

李齐云

2015 年 8 月于山东大学

摘　要

　　中国的城乡收入差距世界最高，由于中国大量的贫困人口集中在农村地区，因此，研究城乡收入差距与经济政策之间的关系，对缩小城乡收入差距和缓解中国的贫困问题具有重大意义。党的十八大报告提出到 2020 年要实现城乡居民人均收入翻一番的目标，从而引发社会各界对收入分配问题的讨论，也使我国贫富差距这个当前的焦点问题更受关注。要实现城乡居民收入倍增的目标必须找到引致居民收入下降的原因才能对症下药。对此，学术界存在以下几种解释。第一种是收入差距的人力资本说，该观点认为政府教育、医疗等人力资本支出不足和不平等导致城乡收入差距扩大，政府应加大人力资本支出规模并实现结构均衡。第二种是收入差距的产权说，认为产权制度的不完善是引起我国收入分配不公平和贫富差距的重要根源，完善农村土地产权制度、国有资本经营收益分配制度与矿产资源产权制度能从制度上解决收入分配不公平问题。第三种是收入差距的税收说，该种观点认为增值税、营业税和消费税等间接税负担在不同收入群体之间的分配是不同的，从而导致中低收入群体的税收负担过重，造成收入差距的进一步扩大。第四种是收入差距的社会保障说，认为社会保障制度的不完善不健全导致了收入分配差距。上述文献为中国现存的城乡收入差距问题提供了丰富的经验证据，并加深了我们对该问题的认识，为解决城乡收入差距过大的问题提供了更宽的思路与更开阔的视野。但是，税制改革的长期性与缩小收入差距的现实迫切性使我们不能完全指望通过改变税收制度来实现收入分配的合理化，更进一步，如果将中国的收入分配问题纳入整个中国的经济增长过程中的话，那么，城乡收入差距的形成与地方政府就有着密切的联系，上述各种观点会很好地融入一个分析框架内。换言之，中国的城乡收入差距问题必须纳入财政分权的框架内进行深度透视。贾康（2010）、李稻葵（2011）认为，现行财政分权体制是引致我国收入分配问题的根源所在，但遗憾的是两位学者并没有进一步分析财政分权对收入分配的影响机理与传导机制。

本书逻辑结构：

本书认为随着中国经济的快速发展和收入水平的不断提高，全面认识和把握城乡收入差距问题尤为重要。因此，本书在充分认识和分析中国城乡收入差距现状的基础上，基于中国式财政分权的视角，重点围绕理论研究和实证检验两个方面展开相关研究。

首先，结合当前中国式财政分权的基本事实，勾勒和总结中国式财政分权下地方政府的激励机制，并分析地方政府在财政体制不完善、监督制约机制缺位情况下的行为选择与公共品供给偏好及其对城乡收入差距的影响，并基于上述分析框架构建中国式财政分权对城乡收入差距的影响机理与传导机制。

其次，对当前我国城乡居民收入主要来源结构和城乡收入差距形成的原因进行系统的统计分解，并基于《第六次全国人口普查》有关数据检验受教育程度差异是导致城乡工资性收入及城乡收入差距最重要的因素。之后，选取中国式财政分权的有关指标作为解释变量来检验政府教育支出偏向城市对城乡收入差距的影响。既是对理论预设的实证支持，亦为后文的政策建议提供实证依据。

本书研究结论：

（1）工资性收入差异是城乡收入差距最主要影响因素。对于城镇居民而言，工资性收入是其收入的主要来源，2000～2012年间，工资性收入占城镇居民人均可支配收入的平均比重为68.4%；而对于农村居民而言，工资性收入是农村居民纯收入的第二大收入来源，其占农村居民人均收入的比重逐年增加，由2000年的31.2%

上升至 2012 年的 43.5%，与家庭经营收入基本持平。2000～2012 年间工资性收入对城乡收入差距基尼系数的贡献度平均为 80.5%。

（2）教育人力资本差异是城乡工资性收入差距的主要原因。城乡受教育程度的巨大差异导致城乡居民巨大的就业和工资差别。根据第六次全国人口普查数据检验了因受教育程度的差异而造成的城乡就业和工资水平的差距。从城乡就业情况来看，农村就业人员主要从事低学历要求的农林牧副渔行业。而城镇就业人员主要从事学历要求较高的行业，且随着学历层次的提高，城镇就业人员所占比重也逐步增加。从行业工资总额来看，除农林牧副渔行业之外，城镇就业人员工资总额均高于农村就业人员。

（3）中国式财政分权是城乡教育人力资本差异的体制原因。中国式财政分权及其异化的增长型激励机制是造成地方政府城市偏向型经济政策的重要原因。在缺少有效监督制约机制的情况下，这种增长型激励机制导致地方政府对经济增长的过度偏爱，而忽视收入分配差距问题的解决。经济增长型激励导致地方政府横向和纵向博弈竞争，竞争的结果是地方政府竞相追逐经济增长，由于城市是财富、资本、要素等的集中地，加之完善的基础设施使城市具有天然的经济发展优势，致使地方政府实施城市偏向型经济政策，政府教育支出过度偏向城市而忽视农村，导致农村人力资本和经济发展水平远远落后于城市，使城乡收入差距不断扩大。

本书创新之处：

（1）研究视角的新颖性。关于城乡收入差距问题的研究早已有之，而研究财政分权对城乡收入差距的影响是一个较新的视角。由于研究起步较晚，加之理论界对财政分权影响城乡收入差距的研究大多集中于实证计量检验方面，而对于财政分权影响城乡收入分配的理论传导机制的研究却并不多见。因此，本书重点建立了财政分权影响城乡收入差距的理论机制，包括财政分权影响城乡收入分配的分析框架和数理模型，并特别考察了地方政府教育支出偏向城市对城乡收入差距的影响。

（2）系统构建中国式财政分权下地方政府的激励机制。以钱颖

一、温格斯特（Weingast）等人为代表注重研究中国式财政分权下财政激励对地方政府行为和中国经济增长的影响，而以布兰查德等（Blanchard et al.，2001）、李洪斌等（Li et al.，2005）、周黎安（2007）为代表着重研究政治晋升激励对地方政府行为和中国经济增长的影响。但如何晓星（2005）所指出的，对于那些自认缺少与其他地区竞争条件而自愿放弃政治晋升竞争的地方官员而言，"晋升锦标赛"理论则缺少解释力，而这些官员依然在努力促进辖区经济增长，显然，政治晋升的解释力并不全面。因此，本书在讨论中国式财政分权下地方官员激励机制时，扩展了政治激励的内涵，并借鉴施莱弗（Schleifer，1993）等人有关财政分权增加地方官员腐败的理论，构建了包含财政激励、政治激励和私人收益激励在内的增长型激励机制框架。

（3）以博弈论为基础分析地方政府的行为选择。在中国式财政分权增长型激励机制下，地方政府到底会有什么样的行为选择？这些行为对政府公共品供给和城乡收入差距产生了哪些影响？为回答上述问题，本书借鉴博弈论和标尺竞争（yardstick competition）的有关思想，基于纵向和横向博弈视角建立了地方政府的行为选择分析模型，并指出增长型激励机制导致了地方政府博弈竞争加剧、公共品供给城市偏向和城乡收入差距的扩大。

（4）建立了中国式财政分权对城乡收入差距的影响机理与传导机制，包括分析框架与理论模型两部分。分析框架部分具体分析中国式财政分权下地方官员的增长型激励机制及地方官员的行为选择对城乡收入差距的影响。而数理模型部分借鉴劳动经济学关于人力资本与收入分配的关系，以内生经济增长模型为基础，建立了中国式财政分权影响城乡收入差距的基本模型，并以政府教育支出为例，推演地方政府教育支出偏向城市对城乡收入差距的影响。

ABSTRACT

China's urban-rural income gap is highest in the world, due to the large number of China's poor population is concentrated in rural areas, urban-rural income gap and study the relationship between economic policy, to narrow the income gap and to alleviate poverty in China is of great significance. The 18th party's report aim to achieve the goal of doubling per capita income of urban and rural residents by 2020, causing the community to discuss issues of income distribution, and also draws more attention. To achieve the goal of doubling the urban and rural residents' income must find the causes of the decline of income in order to remedy. In this regard, there are various academic explanations, but there still are deficiencies. There has been the idea that current fiscal system is the root cause of China's income distribution, unfortunately, no further analysis of the impact of fiscal decentralization on income distribution and lack in the impact and transmission mechanism.

Based on the full understanding and analysis of China's urban-rural income gap on the basis of the present status, based on the background of Chinese-style fiscal decentralization, the dissertation focused on theoretical and empirical research launched two aspects.

Firstly, sum up incentives of local governments under the Chinese-style fiscal decentralization. And analyze the behavior choices of local governments and supply of public goods preferences and their impact on urban-rural income gap, and build the impact and transmission mechanism of fiscal decentralization affecting urban-rural income distribution.

Secondly, put forward the statistical decomposition on causes of the current sources of income of urban-rural income, and select Chinese-style fiscal decentralization indicators as explanatory variables to test the impact of urban bias education spending on urban-rural income gap.

The study conclusions are as follows:

Firstly, Wage income difference is the primary factor of urban-rural income gap. For urban residents, the wage is the main source of their income. During 2000 – 2012, wage income accounted for 68. 4% per capita disposable income of urban residents on average. For rural residents, the wage income is second source of family income. During 2000 – 2012, wage income increased from 31. 2% to 43. 5% . Wage income differences contributed to urban-rural income Gini coefficient by 80. 5% on average.

Secondly, human capital is the main reason for difference in wage income gap between urban and rural residents. The huge difference in educational attainment lead to huge differences between urban and rural residents in employment and wages. Judging from the urban and rural employment, rural employment is mainly engaged in low academic requirements industry. However, urban areas are mainly engaged in employment in higher education requirements industry, and as education levels increase, the proportion of urban employment has gradually increased. In addition, the total wages for urban residents are higher than rural.

Finally, Chinese-style fiscal decentralization is the institutional reasons for differences in education human capital between urban and rural areas. As the city is the concentration place of wealth, capital, and other productive elements and sound infrastructure make the city's economic development has a natural advantage, which drove local governments to implement urban-biased policies, caused rural human capital and the level of economic development fall behind the city, so that the urban-rural income gap enlarged.

The innovations of this book are as follows:

Firstly, novel research perspective. Research on the impact of fiscal decentralization and urban-rural distribution are rare, so we built the impact and transmission mechanism of fiscal decentralization affecting urban-rural income distribution.

Secondly, building incentive mechanism for local governments under Chinese-style fiscal decentralization. This mechanism includes fiscal incentives, political motivation and personal income incentives, and we name it as growth-oriented incentives uniformly.

Thirdly, analyzing the behavior choices for local governments based on game theory. In this dissertation, we built a model which showed the local governments' vertical and horizontal game competition by absorbing ideas from game theory and yardstick competition, and pointed out that growth-oriented incentive mechanism is root reason for competition among local governments, city-biased supply of public goods and widen the urban-rural income gap.

Fourthly, built the impact and transmission mechanism of Chinese-style fiscal decentralization affecting on urban-rural income gap. We analyzed the impact of Chinese-style fiscal decentralization on local officials and urban-rural income distribution. Then, by learning about the relationship between human capital and income distribution, we built a basic model that Chinese-style fiscal decentralization impact on the urban-rural income distribution. Finally, by taking government education spending for instance, we analyzed the effect that city-biased education pending impact on urban-rural income distribution.

目　　录

1

第 1 章

引 言

1.1 问题的提出与研究意义

1.1.1 问题的提出

中国的城乡收入差距世界最高（李实和岳希明，2004），由于中国大量的贫困人口集中在农村地区（卡恩等，1999），因此研究城乡收入差距与经济政策之间的关系，对缩小城乡收入差距和缓解中国的贫困问题具有重大意义。党的十八大报告提出到 2020 年要实现城乡居民人均收入翻一番的目标，从而引发社会各界对收入分配问题的讨论，也使我国贫富差距这个当前的焦点问题更受关注。收入差距过大会导致不同群体表达和追求自身利益能力与经济状况的巨大差异，进入市场前的不公平程度会进一步导致收入分配差距的扩大，降低自身的可行能力水平，阻碍人们去做自己有理由赋予价值的一定事情（即实质自由），所以，收入分配差距过大得不到有效解决的话，人们自由选择的权利就会失衡，其结果就是整个社会的"结构断裂"。收入差距过大还会抑制居民部门工资引导型消费支出的增长，加剧经济结构失衡，并引发暴力犯罪与社会动荡。

收入分配这种"一体多面"的特征说明，追求适度收入均等并不只是为了"公平"本身，也是为了整个社会和经济的可持续发展，收入差距合理化已经超出了伦理学范畴，使其与整个社会、经济发展紧密相连，因此，调节收入差距成了社会需要的公共品。

从功能性分配看，收入分配是指政府、企业与居民三大部门参与国民收入分配的过程中所形成的分配格局，由于我国居民部门无论在初次分配还是在再分配格局中收入所占比重均呈下降趋势，因此，提及收入差距主要是指居民收入下降。根据国家统计局的统计口径，我国居民收入来源包括工资性收入、经营收入、财产性收入和转移性收入。对于城镇居民而言，工资性收入是其收入的主要来源，2000～2012 年间，工资性收入占城镇居民人均可支配收入的平均比重为 68.4%；转移性收入所占比重由 2000 年的 22.9% 上升到 2012 年的 23.6%。工资性收入占农村居民人均纯收入的比重由 2000 年的 31.2% 上升至 2012 年的 43.5%，与家庭经营收入基本持平；转移性收入所占比重由 2000 年的 3.5% 上升到 2012 年的 8.7%，[1] 可见，工资性收入是我国居民收入的主要来源，[2] 换言之，如何提高初次分配中劳动报酬是实现城乡居民收入倍增的关键。

要实现城乡居民收入倍增的目标必须找到引致居民收入下降的原因才能对症下药。对此，学术界存在以下几种解释。第一种是收入差距的人力资本说，该观点认为政府教育、医疗等人力资本支出不足和不平等导致城乡收入差距扩大，政府应加大人力资本支出规模并实现结构均衡。第二种是收入差距的产权说，认为产权制度的不完善是引起我国收入分配不公平和贫富差距的重要根源，完善农村土地产权制度、国有资本经营收益分配制度与矿产资源产权制度能从制度上解决收入分配不公平问题。第三种是收入差距的税收说，该种观点认为增值税、营业税和消费税等间接税负担在不同收

---

[1] 数据来源：《中国统计年鉴（2012）》。

[2] 虽然家庭经营纯收入是农村居民收入的主要来源，但其所占比重已经由 2000 年的 63.3% 下降到 2012 年的 44.6%，而随着近年来城乡劳动力流动加快和大量农民工进城，农村居民的工资性收入也在快速增加，工资性收入对于农村居民而言变得日益重要。

人群体之间的分配是不同的，从而导致中低收入群体的税收负担过重，造成收入差距的进一步扩大。第四种是收入差距的社会保障说，认为社会保障制度的不完善不健全导致了收入分配差距。上述文献为中国现存的城乡收入差距问题提供了丰富的经验证据，并加深了我们对该问题的认识，为解决城乡收入差距过大的问题提供了更宽的思路与更开阔的视野。但是，税制改革的长期性与缩小收入差距的现实迫切性使我们不能完全指望通过改变税收制度来实现收入分配的合理化，更进一步，如果将中国的收入分配问题纳入整个中国的经济增长过程中的话，那么，城乡收入差距的形成与地方政府就有着密切的联系，上述各种观点会很好地融入一个分析框架内。换言之，中国的城乡收入差距问题必须纳入财政分权的框架内进行深度透视。贾康、李稻葵认为，现行财政体制是引致我国收入分配问题的根源所在，但遗憾的是已有研究并没有进一步分析财政分权对收入分配的影响机理与传导机制。

本书所做的主要工作是从财政分权视角建立了城乡收入差距形成的体制性解释框架，既弥补现有研究之不足，又基于实证检验从更深层次、更高维度提出化解城乡收入差距过大的对策建议。

1.1.2　研究意义

从理论角度而言，本研究弥补和拓展了已有研究的不足。关于城乡收入差距问题的研究早已有之，而从财政分权视角探讨城乡收入差距问题的研究则起步较晚，代表性文献可以追溯到解垩（2007）、陶然和刘明兴（2007）的开创性研究。随着城乡收入差距问题引起广泛的社会关注，特别是最近几年，伴随着学术界对中国式财政分权的研究日益增加和深化，从财政分权角度对城乡收入差距问题的研究则日益增多，如陈安平（2009）、马光荣和杨恩燕（2010）、余长林（2011）、陈工和洪礼阳（2012）以及李雪松和冉光和（2013）等，这些文献为中国当前的城乡收入差距问题提供了丰富的经验证据，并加深了我们对该问题的认识，为解决城乡收入差距过大的问题提供了更宽的思路与更开阔的视野。然而，上述研究虽然认识到了财政分权对城乡收入差距的影响，但大多是实证研究，没能建立起良好的理论分析框架，即使有一些理论分析亦过于简单，缺少充分的理论基础。同时，关于财政分权对城乡收入差距影响的传导途径尚不统一，如解垩（2007）和余长林（2011）认为中国式财政分权下的公共品供给偏向城市导致了城乡收入差距扩大，而赖小琼和黄智淋（2011）、范晓莉（2012）则探讨了财政分权、通货膨胀与城乡收入差距的关系。这说明，中国式财政分权影响城乡收入差距的理论基础和传导途径尚有待于进一步完善和深化，而本书正是对上述内容的努力和尝试，因此，本书具有重要的理论意义。

从实践角度而言，由于农村居民占我国居民人口的绝大比重，因此，不断扩大的城乡收入差距导致农村居民消费不足，其结果是居民部门消费支出占 GDP 的比重持续走低。根据国家统计局有关数据，居民消费支出占 GDP 的比重已经由 2000 年的 46.4% 下降到 2011 年的 35.4%，下降 11 个百分点，在消费支出不足的情况下，为促进经济增长，地方政府不得不增加经济建设支出并依赖投资刺激经济增长，使投资占 GDP 的比重由 2000 年的 33.2% 一路飙升至 2011 年的 65.9%，"三驾马车"处于明显失衡状态。在增长型激励驱使下，地方政府不得不重复依赖投资和财税竞争促进经济增长，从而使城乡收入差距陷入循环累积的失衡陷阱。而本研究则以实现城乡收入差距合理化和增加农村居民收入为落脚点，因此，对于增加居民消费、优化中国经济增长结构、实现中国经济可持续健康发展而言具有重要意义。所以，本研究具有重要的实践意义。

1.2 相关概念界定

1.2.1 中国式财政分权

本书所指的中国式财政分权（fiscal decentralization，Chinese

style）是与西方传统财政分权相对应的，是特指中国政治集权与经济分权下的财政分权及其对地方政府行为的影响。

财政分权理论源于公共经济学中公共品层次性问题，该理论基于市场效率的观点，强调公共品有效供给，研究的内容主要是支出、收入和转移支付如何在多级政府间的合理配置。由于公共品的内在层次性，传统财政分权理论认为，信息获得上的"偏好误识"会导致中央政府的公共品供给缺乏效率，无法满足所有民众的公共品偏好，而地方政府恰好可以弥补中央政府的不足；此外，自由迁徙的选民的"用脚投票"会促使地方政府优化公共品供给以满足辖区选民的需要并形成最佳财政社区（Tiebout，1956）。此后，马斯格雷夫（Musgrave，1959）则针对中央政府与地方政府职能给出了明确的划分框架，至奥茨（Oates，1972）《财政联邦主义》（Fiscal Federalism）一书的问世，标志着第一代财政分权理论的正式形成。因蒂布特、奥茨和马斯格雷夫的突出贡献，第一代财政分权理论又称为 TOM 模型。

中国式财政分权则在传统财政分权理论的基础上特别注重地方官员的激励与行为选择对政府职能取向与经济社会运行产生的影响。随着公共选择理论的兴起，传统财政分权的核心假设"仁慈型政府"越来越受到经济学家们的质疑，而以钱颖一等为主要代表的"市场维持型联邦主义"理论，借鉴公共选择理论"理性人政府"假定，借助新厂商理论打开了政府这个"黑匣子"，并以转轨时期的中国为蓝本，深入分析了地方政府官员内在激励对地方政府行为及经济增长的影响，从而形成了第二代财政分权理论。该理论的核心在于地方政府的财政激励，认为财政包干制时期的财政激励为地方政府积极促进经济增长奠定了坚实的经济动机基础。

与"市场维持型联邦主义"不同的是，北京大学周黎安教授、复旦大学张军教授为代表的一批学者，以布兰查德等（Blanchard et al.，2001）的研究为基础，认为中国政治集权下地方官员"为晋升而增长"、"为增长而竞争"及其展开的"晋升锦标赛"是中国经济取得成功的重要原因。所以，政治激励是理解地方政府激励与经济增长的关键线索，是超越财政激励之外的更根本的激励力量。在上述研究的基础上，傅勇和张宴（2007）明确提出中国式分权的概念，指出经济分权同垂直的政治管理体制紧密结合是中国式分权的核心内涵，以 GDP 增长为主要考核内容的政治晋升激励诱使地方政府以经济增长为首要甚或是唯一的职能而忽视社会事业发展，是地方政府支出结构"重建设、轻服务"的激励根源。此后，学术界的有关研究均以上述文献为基础分析中国式财政分权及其对经济社会持续健康发展的多重效应。

1.2.2　教育人力资本

第一次正式提出"人力资本"（human capital）概念的是美国经济学家沃尔什（Walsh）在 1935 年出版的《人力资本观》一书，认为人力资本是与物质资本相对应的一种资本，是指凝聚在劳动力身上的知识、技能及其所表现出来的能力，是具有经济价值的一种资本。以此为基础，美国经济学家舒尔茨（Schultz，1960）建立了现代人力资本理论的基本研究框架，认为教育、健康等投资均有利于提高人的工资收入，属于人力资本投资的范畴。贝克尔（Becker，1987）扩大了人力资本投资范围，认为人力资本投资包括能够提高人的未来收入的投资，而教育、保健、劳动力迁移支出是其主要形式。人力资本存量的测度有未来收益法、累计成本法与教育存量法三种方法（钱雪亚，2011）。其中，教育存量法是以受教育程度来描述人力资本的水平，一般选取受教育年限作为衡量指标。因此，本书所指的教育人力资本是指城乡居民不同受教育年限（教育程度）人员水平。

1.2.3　城乡收入差距

城乡收入差距可分为绝对收入差距与相对收入差距。城乡居民绝对收入差距是指城镇居民人均可支配收入与农村居民人均纯收入绝对规模的差额；相对收入差距是将城镇居民人均可支配收入除以农村居民人均纯收入所得到的比值，该指标是研究城乡收入差距最常用、最直接、最容易计算的指标。在价值判断上，如果该比值超过 2 说明城乡收入差距已经过大。由于收入结构和来源的差异，实践中采用的收入口径也有所不同，有的用可支配收入，有的用总收入，有的用消费水平进行对比。本书在统计数据分析和计量检验中所使用的城乡居民收入差距指标主要是城乡居民收入比。

1.3 研究方法

1.3.1 规范分析与实证分析相结合

本书采用规范分析与实证分析相结合的方法，力求把理论研究与现实剖析结合起来。首先运用规范分析方法，对已有的文献资料进行整理和分析，概括出与城乡收入差距有关的财政分权理论，并建立中国式财政分权影响城乡收入差距的理论机制，奠定研究基础。其次是运用实证分析方法，对我国城乡收入差距和财政分权现状做出全面客观的评价和经验检验，总结规律和经验，揭示今后财政分权改革趋势和重点。

1.3.2 历史分析方法

本书运用历史分析方法，从纵向的角度考察我国城乡居民收入规模、结构及城乡人均收入比的变迁进程，具体分析改革开放后教育支出情况及其对城乡收入分配的影响，探寻我国城乡收入差距过大的财政支出制度根源，使研究视角立足于中国实际，增强研究的针对性和现实感。

1.3.3 统计分析方法

首先，本书第5章利用第六次全国人口普查数据对因教育人力资本差异造成的城乡居民就业和工资收入差距进行统计描述和分解，帮助更加直观和详细地描述我国城乡收入差距现状及发展趋势，并依据统计分解得出影响城乡收入差距的最重要因素是教育人力资本差异，以增强论述的客观性和说服力，并为其后中国式财政分权下地方政府面临的增长型激励机制是造成城乡教育公共品享有的巨大差异的现实提供现实证据和逻辑演进思路。其次，本书利用灰色关联检验验证了财政分权对城乡收入差距的总体影响及地方政府教育支出偏向城市对城乡初次收入分配差距的影响。

1.3.4 计量经济学方法

本书以我国相关数据库有关数据为基础，基于历年时间序列数据进行计量检验，考察中国式财政分权、教育支出分权度、教育公共品供给的城乡差异以及影响地方政府教育支出的诸如经济增长、政府对经济活动的参与、经济开放程度等因素对我国城乡收入分配的影响，确定有助于改善城乡收入分配现状的地方政府财政支出结构及规模，为政策建议提供实践基础和依据。

1.3.5 跨学科研究法

运用多学科的理论、方法和成果从整体上对本研究进行综合分析。本书研究内容包括人力资本、财政分权以及地方官员内在激励等，上述内容涉及劳动经济学、财政学、公共选择经济学以及制度经济学等不同的经济学科，力求更系统、更翔实的进行本研究，得出更加令人信服的研究结论和政策建议。

1.4 研究思路与结构

本书的逻辑思路与结构安排见图 1-1。本书认为随着中国经济的快速发展和收入水平的不断提高，全面认识和把握城乡收入差距

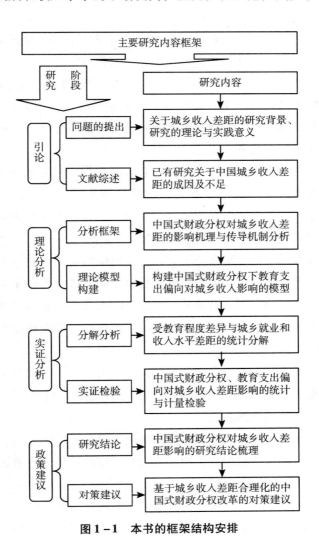

图 1-1 本书的框架结构安排

问题尤为重要。因此，本书在充分认识和分析中国城乡收入差距现状的基础上，重点围绕理论研究和实证检验两个方面展开相关研究。首先，结合当前中国式财政分权的基本事实，勾勒和总结中国式财政分权下地方政府的激励机制及其对地方政府行为的影响，从而构建中国式财政分权对城乡收入差距的影响机理与传导机制。其次，对中国城乡收入差距形成的原因进行统计分解并基于中国式财政分权的角度进行实证检验。

第 1 章是引言。主要介绍了本书的研究背景和研究意义、研究方法与内容结构，并对主要概念进行了相关界定。

第 2 章是文献述评。对城乡收入差距影响因素进行文献综述，在梳理中外文献基础上，对城乡收入差距的成因进行归纳和梳理，并找出基于本书研究视角下城乡收入差距有关研究的不足和需要进一步深化与完善之处。

第 3 章是中国式财政分权、地方政府行为异化与城乡收入差距的分析框架。由于目前的有关研究缺少基本的理论基础分析，因此，本章的重点在于构建中国式财政分权对城乡收入差距的影响机理与传导机制，构造本书的逻辑框架。

第 4 章是中国式财政分权、教育支出偏向与城乡收入差距的数理分析模型。本章是基于第 3 章分析框架的基础上构建了基于内生经济增长模型的中国式财政分权对城乡收入分配影响的数学分析模型，并考察中国式财政分权下地方政府教育支出偏向城市对城乡收入差距的影响。

第 5 章是教育人力资本差异与城乡收入差距的分解分析。本章首先考察了中国城乡收入差距的时间序列数据，计算城乡基尼系数，并对城乡基尼系数进行统计分解，分解结果表明，工资性收入差异是导致城乡收入差距最重要的因素。而基于《第六次全国人口普查数据》的统计检验也证明，受教育程度的差异是导致城乡工资性收入差距的最重要因素。

第 6 章是中国式财政分权、教育支出偏向与城乡收入差距的实证检验。本章主要是依据有关的财政分权度量指标，对地方政府教育支出偏向城市而对农村教育投入不足进而导致城乡人力资本差异和城乡收入差距进行统计、计量与关联实证检验，是基于第 5 章统计分解之后的实证逻辑延伸。

第 7 章是本书的结语、政策建议及研究展望。该章总结全书研究，基于理论分析和实证检验阐述全书重要的研究结论，并提出相关的政策建议和未来进一步的研究展望。

1.5　创新与不足

1.5.1　创新之处

1. 研究视角的新颖性

关于城乡收入差距问题的研究由来已久，但是基于财政分权视角探讨城乡收入差距的成因及化解对策分析的文献则并不多见，最早仅见于陶然和刘明兴（2007）、解垩（2007）的文章。因此，由于研究起步较晚，加之理论界对财政分权影响城乡收入差距的研究大多集中于实证检验方面，而对于财政分权影响城乡收入分配的理论传导机制的研究却并不多见。余长林（2011）在解垩（2007）的基础上扩展了财政分权影响城乡收入分配的理论基础，其结论是在控制其他变量影响的情况下公共品供给城乡差异是导致城乡收入差距扩大的原因，但由于政府公共品供给还只是一个宽泛的概念，没有具体考察特定支出项目的效应，而且，公共品供给为何呈现城乡差异尚未交代清楚。因此，本书重点建立了财政分权影响城乡收入差距的理论基础，包括财政分权影响城乡收入分配的分析框架和数理模型，并特别考察了政府教育支出偏向城市对城乡初次收入分配的影响。

2. 系统构建中国式财政分权下地方政府的激励机制

近年来，在第二代财政分权理论的影响下，特别是基于新政治经济学的分析范式，"中国式财政分权"一词蔚然兴起，有关中国式财政分权下地方政府的激励机制问题被学术界广泛关注和讨论。以钱颖一、温格斯特（Weingast）等人为代表注重研究中国式财政分权下财政激励对地方政府行为和中国经济增长的影响，而以布兰查德等（Blanchard et al，2001）、李洪斌等（Li et al，2005）、周黎安（2007）为代表着重研究中国式财政分权下政治晋升激励对地方政府行为和中国经济增长的影响。然而，根据公共选择理论，地方官员的激励是多重的，特别是在缺少有效监督与约束机制的情况下，地方官员可能会谋取私利而偏离公益轨道。此外，尽管政治晋升激励的研究最多，影响最广，但正如何晓星（2005）所指出的，对于那些自认缺少与其他地区竞争的条件而自愿放弃政治晋升竞争的地方官员而言，"晋升锦标赛"理论则缺少解释力，但这些官员依然在努力促进辖区经济增长。显然，政治晋升的解释力并不全面。因此，为弥补有关研究的不足，本书在讨论中国式财政分权下地方官员激励机制时，扩展了政治激励的内涵，同时借鉴施莱弗（Schleifer，1993）等人有关财政分权增加地方官员腐败的理论，除上述财政激励和政治激励之外，亦分析私人收益激励对地方官员行为的影响。由于政治激励、财政激励和私人收益激励均会激励地方政府促进经济增长，所以，本书将上述三种激励机制统称为"增长型激励机制"。

3. 以博弈论为基础分析地方政府的行为选择

在中国式财政分权"增长型激励机制"下，地方政府到底会有什么样的行为选择？这些行为对政府公共品供给和城乡收入分配产生了哪些影响？为回答上述问题，本书借鉴博弈论和标尺竞争（yardstick competition）的有关思想，基于纵向和横向博弈视角建立了地方政府的行为选择分析模型，并指出，增长型激励机制是地方政府博弈竞争加剧和公共品供给城乡差异的根本原因，为财政分权影响城乡收入分配理清和建立了理论传导链条。

4. 建立了中国式财政分权对城乡收入差距的影响机理与传导机制

由于现有研究缺少基本的理论分析基础，本书基于增长型激励机制与地方官员的横、纵博弈行为选择，正式建立了中国式财政分权对城乡收入差距的影响机理与分析框架，具体包括分析框架与理论模型两部分。分析框架部分具体分析中国式财政分权下地方官员的增长型激励机制，包括政治激励、财政激励和私人收益激励三部分，以及在增长型激励下地方官员的行为选择及其对城乡经济增长和收入分配的影响，最后建立了整个中国式财政分权对城乡收入差距影响的分析框架。而数理模型部分主要是依据分析框架的基本思想，借鉴劳动经济学关于人力资本与收入分配的关系，以内生经济增长模型为基础，建立了中国式财政分权影响城乡收入分配的基本模型，并以政府教育支出为例，推演政府教育支出偏向城市对城乡收入分配的影响。

1.5.2 本书不足之处

1. 分析支出项目的单一性

为使本研究更具体、详尽，本书在理论和实证分析部分只考察了中国式财政分权下政府教育支出偏向城市对城乡收入分配的影响，而诸如医疗卫生、人口迁移、科学技术、社会保障以及基础设施建设等支出项目亦对城乡收入分配有不同程度的影响。因此，支出项目的单一性可能会使本研究缺少全面性和完整性。

2. 研究视角的局限性

本书以中国式财政分权为背景分析地方政府教育支出偏向城市对城乡收入分配的影响，这说明本书是从政府政策视角研究城乡收入差距，因此，本书的分析只能局限于财政分权下地方政府行为异化及教育支出偏向城市对城乡收入分配的影响，因而，无法考虑诸如城乡居民财产分布、劳动力流动、个人偏好等因素对城乡收入分配的影响，这使得本书的研究视角具有一定的局限性。

第 2 章

文 献 述 评

2.1 城乡收入差距的影响因素

很多学者都认为城乡收入差距一直是造成中国居民之间总体收入差距的最主要因素。陈宗胜和周云波（2002）分别使用不同的方法对 1978 年以来的城乡基尼系数进行估测，发现在总收入差距中，由城乡收入差距解释的部分占一半以上。李实和岳希明（2004）利用 1995 年和 2002 年的数据，对中国个人收入差距在城乡和地区之间进行了详细的分解，并用泰尔指数进行测算，发现 2002 年城乡收入差距对中国总体收入差距的贡献率达到 43%，较 1995 年的 36%上升了 7 个百分点。[①] 王少国（2007）认为 1985～2004 年期间，城乡收入差距对居民总收入差距的贡献平均达到 56%，而且 1999 年以来，更是达到了 60%以上，其变动对居民总收入差距变动的贡献平均达到 83%。[②] 胡晶晶和曾国安（2011）的实证研究显示，1987～2009 年城乡居民之间收入差距对中国居民之间总体收入差距的影响一直是最大的，虽有起伏，但呈现出长期上升的趋势，

① 李实，岳希明. 中国城乡收入差距调查 [J]. 财经，2004（4）.
② 王少国. 我国城乡收入差别对居民总收入差别的影响 [J]. 财经科学，2007（1）.

其贡献率年均高达 67.2%，其中贡献率最低的是 1997 年的 56.4%，到 2009 年达到了 75.6%。[①] 因此，找到引致城乡收入差距的因素是解决城乡收入差距和中国居民总体收入分配问题的核心。下面，本书对影响城乡收入差距的主要因素进行梳理。

2.1.1 二元经济结构对城乡收入差距的影响

二元经济理论是由美国经济学家刘易斯（Arther Lewis，1954）在《劳动无限供给下的经济发展》一文中提出的，以发展中国家的经济发展、结构转型为主要研究对象。代表人物除刘易斯之外，还有拉尼斯（Gustav Ranis）、费景汉（John H. Fei）、乔根森（Jorgenson）和卡尔多（Nicholas Kaldor）等，这些学者侧重分析二元结构的特征、农业与工业发展的互动、农业剩余人口的非农化及农业和工业的平衡发展问题。长期以来，中国二元经济结构导致了城乡之间的不平衡发展。而城乡不平衡发展造成了城乡之间的收入差距。新中国成立后，城乡不同的发展政策以及城乡居民的不平等待遇，如"剪刀差"、"户籍制度"等政策的实施，加重了城乡"二元社会经济结构"，从而拉大了城乡居民收入差距。陈宗胜（1991）认为城乡二元经济结构是影响城乡收入差距的重要因素。国家统计局农村调查总队课题组（1994）曾对 1978～1991 年的城乡差别和影响因素进行计量检验，结果表明二元结构系数解释了城乡之间收入差别的近 60%。[②] 陈宗胜（2002）在考察城乡人口比、农村非农产业比重、工农业产品剪刀差等因素后，认为二元经济结构是影响城乡差别的重要因素。只要传统农业部门还没有摆脱在二元经济结构中的不利地位，城乡差别就很难缩小。史（Shi，2002）运用 9 个省的健康和营养调查数据的研究结果表明，将不能得到解释的城乡

---

① 胡晶晶，曾国安. 中国城市、农村与城乡居民收入差距对居民总体收入差距的影响分析［J］. 消费经济，2011（1）.

② 国家统计局农村调查总队课题组. 城乡居民收入差距研究［J］. 经济研究，1994（12）.

收入差距的 42% 和小时收入的 48% 归因于劳动力市场扭曲，并发现户籍制度可以直接解释 28% 的城乡收入差距。陈宗胜和周云波（2002）利用有关数据的统计分解表明，从 1988～1999 年，城乡差别对全国居民总体收入差别的贡献率平均超过了 50%，而对同期总体收入差别增量的贡献为 80% 以上。因此，城乡差别已经成为影响全国居民总体收入差别及其变动的主要因素。缩小城乡差别的关键在于尽快打破城乡壁垒，促进农村经济的快速发展。李实和岳希明（2003）认为，二元经济结构是发展中国家都具有的经济现象，但是，我国在计划经济时代和改革开放以后进一步把二元经济强化了，所以造成了现在过大的城乡收入差距。周端明和刘军明（2009）通过选取农业对非农业的相对劳动生产率、农业生产资料价格指数、农副产品收购价格指数、乡镇企业就业增长率、增量资本产出比、第二、第三产业就业增长率、城市人口比例、工业部门资本劳动比、人均 GDP 等指标作为解释变量验证了二元性与城乡居民收入差距的关系，研究结果认为缩小城乡居民收入差距的关键是转变二元经济结构，提高农业对非农业部门的相对劳动生产率。①唐斯（2011）通过建立东部、中部和西部面板数据模型，从二元经济结构角度对城乡居民收入差距变化的影响因素进行了分析，认为二元经济结构是城乡收入差距的重要因素。②

2.1.2 城市偏向型国家发展战略对城乡收入差距的影响

如李普顿（Lipton，1977）指出，正是发展中国家工业化、城市化进程中投资、税收、价格、外贸等经济政策的城市偏向，错误地配置了资源，使经济、社会出现极度不平衡的增长，导致城乡差距逐步拉大。林毅夫等（Lin et al.，1996）揭示了重工业优先发展

---

① 周端明，刘军明. 二元性与中国城乡居民收入差距演进理论模型与计量检验 [J]. 安徽师范大学学报（人文社会科学版），2009（3）.
② 唐斯. 我国城乡居民收入差距的实证研究 [J]. 统计与决策，2011（16）.

战略对农业经济的危害。杨涛（Yang，1999）认为城市偏向的发展政策如社会保障政策、教育政策等扩大了城乡收入差距，并将延续到下一代，使城乡收入差距进一步扩大。蔡昉和杨涛（2000）通过分析各个时期城乡收入差距背后的政治经济学，指出1978年之前，城乡收入差距主要根源于与重工业优先发展战略相关的农产品统购统销制度、人民公社制度和户籍制度，这一整套干预政策导致了稳定的城市倾向；改革以后，城乡收入差距的变化主要根源于城市集团的压力以及传统经济体制遗留的制度性约束。① 而马晓河（2003）认为，"嫌贫爱富"的金融政策向城市偏斜，使农民贷款无门，极大地限制了农民的发展机会和增收空间。② 坎波尔等（Kanbur et al.，2004）检验了城市偏向型战略在改革前期城乡收入差距的形成中起了重要作用。陆铭和陈钊（2004）探讨了城市偏向型政策安排对城乡收入差距的影响，并通过运用1987～2001年间的中国省级面板数据从经济开放、就业的所有制结构调整、政府在经济生活中的作用、财政支出的结构等几个方面分析这些因素对城乡居民收入差距的影响，其中财政支出结构指标主要选择了基本建设拨款、支持农业生产和事业、文教科学卫生事业、企业挖潜改造和行政管理支出五类，通过建立回归方程进行实证分析，发现城市化缩小城乡收入差距的作用显著，外来人口所占比重、经济的开放、就业的所有制结构的调整、政府参与经济活动的程度以及财政支出结构的调整的确是扩大城乡收入差距的重要因素。同时还发现，金融发展指标对城乡收入差距的影响并不显著。余新民（2007）认为长期以来，我国实行城市偏向型政策导致城乡居民收入差距不断扩大，加深了城乡分化的经济格局。③ 官永彬（2010）认为城乡居民之间的要素积累差距导致城乡收入差距存在不断扩大的自然趋势，而政府供给的城市偏好政策安排又进一步扩大了城乡收入差距。④

---

① 蔡昉，杨涛. 城乡收入差距的政治经济学 [J]. 中国社会科学，2000（4）.
② 马晓河. 宏观政策偏差拉大收入差距 [N]. 经济参考报，2003 - 12 - 24.
③ 余新民. 政策博弈与城乡居民收入差距 [J]. 云南社会科学，2007（4）.
④ 官永彬. 城乡要素积累差距、偏好政策与收入差距的动态关系 [J]. 财经科学，2010（11）.

2.1.3 城市化对城乡收入差距的影响

程开明和李金昌（2007）通过计量分析发现，城市化与城市偏向是造成城乡收入差距扩大的原因，对城乡差距扩大产生正向冲击；城乡收入差距是城市化水平上升的原因，对城市化产生负向冲击，城乡收入差距不构成城市偏向的原因。陈斌开和林毅夫（2010）分别在静态和动态框架下，从理论上证明了落后国家推行重工业化优先发展战略，将导致更低的城市化水平和更高的城乡工资差距。同时，落后国家推行重工业优先发展战略，将降低资本积累率，导致更慢的城市化进程和更持久的城乡工资差距。① 周少甫等（2010）使用门槛面板模型对我国 1993～2007 年城市化进程中的城乡收入差距问题进行了分析，结果表明，城市化水平对城乡收入差距具有显著的门槛效应，当城市化水平低于 0.456 时，城市化水平对收入差距的作用并不明显；而一旦超过这个水平，城市化的提高会显著地缩小城乡收入差距。② 贺建风和刘建平（2010）通过实证分析发现，城市化和对外开放是造成广东省城乡收入差距扩大的主要原因，两者对城乡收入差距均产生明显的正向拉动效应，但随着时间的推移，相应的拉动效应呈逐渐减弱的趋势，而城乡收入差距对城市化与对外开放均没有明显的影响。③ 丁志国等（2011）通过选择恰当的空间面板计量模型，选取 2000～2009 年间我国 31 个省、自治区和直辖市的面板数据，实证研究了城市化进程对城乡收入差距的影响，选取的主要外生变量指标为：城镇固定资产投资占全社会固定资产投资总额比例，二、三产业增加值占地区 GDP 比重，GDP 增长速度以及城镇就业人员比例，研究认为，城市化进

① 陈斌开，林毅夫. 重工业优先发展战略、城市化和城乡工资差距 [J]. 南开经济研究，2010 (1).
② 周少甫，亓寿伟，卢忠宝. 地区差异、城市化与城乡收入差距 [J]. 中国人口·资源与环境，2010 (8).
③ 贺建风，刘建平. 城市化，对外开放与城乡收入差距——基于 VAR 模型的实证分析 [J]. 技术经济与管理研究，2010 (4).

程是一把双刃剑，城市化政策路径的不同产生的效果不同。调整产业结构，增加工业和服务业的比重，积极引导农村剩余劳动力转移到城市中效率更高的产业中，能够有效增加农民收入，进而缩小城乡收入差距。相反，增加城镇固定资产投资和盲目追求 GDP 增速，将使城乡收入差距进一步扩大。此外，临近省份的城市化进程也会对本地的城乡收入差距具有显著影响。[①] 李宪印（2011）通过构建向量自回归模型，对中国 1978～2009 年城市化、经济增长与城乡收入差距的关系进行了实证研究发现，城乡收入差距扩大可以促进城市化进程，而城市化进程反过来对城乡收入差距扩大具有长期影响；经济增长对城乡收入差距的扩大产生长期正的影响。[②] 刘锐君（2011）通过构建面板协整模型，从人力资本、物质资产水平、城市化、工业化、公共财政政策和经济发展水平等方面探讨对我国城乡收入差距的影响，发现城市化水平和物质资产积累程度对城乡居民收入差距的影响最大。[③]

2.1.4 公共品供给偏向城市对城乡收入差距的影响

陶然和刘明兴（2007）选取 1994～2003 年 10 年间，包括中国 270 个地级市的面板数据进行研究发现，随着中国经济更加自由化，财政政策在形成城乡差距的问题上，开始扮演越来越重要的角色。刘乐山和何炼成（2005）通过研究发现城乡公共品供给差异通过对城乡居民实际生活水平与生活质量、城乡居民人力资本积累和生产效率的作用而影响城乡收入差距，并得出要缩小城乡居民之间的收入差距，就要平抑城乡公共产品供给差异的结论。[④] 张秀生等（2007）认为，农民收入增长缓慢的一个重要因素就是农村公共品

---

① 丁志国，赵宣凯，赵晶．直接影响与空间溢出效应：我国城市化进程对城乡收入差距的影响路径识别 [J]．数量经济技术经济研究，2011（9）.
② 李宪印．城市化、经济增长与城乡收入差距 [J] 农业技术经济，2011（8）.
③ 刘锐君．中国城乡收入差距成因的模型解释 [J]．统计与决策，2011（16）.
④ 刘乐山，何炼成．公共产品供给的差异：城乡居民收入差距扩大的一个原因解析 [J]．人文杂志，2005（1）.

供给缺乏。① 黄国华（2009）通过对长三角 16 个地级市 1995～2006 年的面板数据实证考察认为，城乡收入差距随着政府对农村的财政补贴支出的增加而减少。② 张继良等（2009）认为，继续提高区域开放程度，增加科教文卫支出在财政支出中的比例，并修正包括教育等公共资源在城乡分布的不均衡，是缩小城乡收入差距的重要途径。③ 张启良等（2010）研究发现，国家的财政政策对城乡收入的增加有明显不同的影响，对增加城镇居民收入的作用大大强于农村居民，财政政策的城市化倾向更加明显。④

2.1.5 财政分权对城乡收入差距的影响

伴随着各国分权化改革的实践，财政分权理论不断丰富。随着西方学者研究的深入，对分权理论的研究已逐渐超出了财政领域，越来越关注分权的效率和分权对社会其他方面的影响。近年来，国内许多学者更多的关注于财政分权对地方政府公共品与服务供给的影响，也有少数学者将相关研究延伸到财政分权与我国城乡收入差距的相关性上，主要是结合其他因素——如公共品供给、金融发展等一起研究财政分权对城乡收入差距的影响。具体文献综述在本章 2.2 部分。

2.1.6 人力资本差异对城乡收入差距的影响

这些文献主要是借鉴以明赛尔、舒尔茨以及贝克尔等为代表的人力资本理论对经济增长和收入分配的影响分析中国城乡收入差距

① 张秀生，柳芳，王军民. 农民收入增长：基于农村公共产品供给视角的分析 [J]. 经济评论，2007（3）.
② 黄国华. 城乡居民收入差距影响因素分析——基于长三角地区 16 地级市的实证考察 [J]. 上海经济研究，2009（10）.
③ 张继良，徐荣华，关冰等. 城乡收入差距变动趋势及影响因素——江苏样本分析 [J]. 中国农村经济，2009（12）.
④ 张启良，刘晓红，程敏. 我国城乡收入差距持续扩大的模型解释 [J]. 统计研究，2010（12）.

问题。如张洪和苏伟洲（2004）探讨了人力资本投资与个人收益问题，针对人力资本投资的教育模型进行分析和研讨，从人力资本角度解释和说明了个人收入差别产生的原因。[①] 侯风云和张凤兵（2006）从传统的二元经济理论出发，利用侯风云（2004，2005）提出并论述的人力资本投资收益城乡两区域模型的理论框架，重点对我国城乡差距扩大的成因进行了探讨，指出我国城乡收入差距扩大、经济发展的二元特征愈加明显的深层次原因是城乡人力资本投资的机会不均等和劳动力流动与迁移中城乡人力资本的不同溢出效应；要缩小城乡收入差距，打破经济的二元结构，就要加强对农村的人力资本投资，缩小城乡人力资本差距。具体文献综述在本章2.3部分。

2.2 中国式财政分权影响城乡收入差距的文献综述

2.2.1 中国式财政分权的提出和发展

财政分权理论最初源于公共经济学中关于公共品供给问题的研究。传统财政分权理论从哈耶克（Hayek，1945）的信息约束出发，认为由于信息获得上的"偏好误识"会导致中央政府的公共品供给缺乏效率，无法满足所有选民的公共品偏好；此外，自由迁徙的选民的"用脚投票"会促使地方政府优化公共品供给以满足辖区选民的需要并形成最佳财政社区（Tiebout，1956）。此后，马斯格雷夫（Musgrave，1959）则针对中央政府与地方政府职能给出了明确的划分框架，至奥茨（Oates，1972）《财政联邦主义》（fiscal federalism）一书的问世，标志着第一代财政分权理论的正式形成。因为

[①] 张洪，苏伟洲. 人力资本投资与个人收益分析 [J]. 西南民族大学学报，2004（9）.

蒂布特、奥茨和马斯格雷夫的突出贡献，第一代财政分权理论又称为 TOM 模型。

随着 20 世纪五六十年代公共选择理论的兴起，第一代财政分权理论的"仁慈型政府"假定越来越受到人们的质疑，而以钱颖一、温加斯特等人为代表的一批学者，于 20 世纪 90 年代借鉴公共选择理论"理性人政府"假定，借助新厂商理论打开了政府这个"黑匣子"，并以转轨时期的中国为蓝本，深入分析了政府特别是地方政府官员内在激励对政府公共品供给及经济增长的影响，在分析中国自 1978 年开始的行政放权与财政包干制改革的基础上提出了具有中国特色的"市场维持型联邦主义"（market preserving federalism），从而形成了第二代财政分权理论，初步建立了财政分权与中国经济增长的解释框架。该框架的内核在于财政激励，强调包干制下的财政激励为地方政府狂热发展经济奠定了坚实的经济动机基础，为中国经济"增长之谜"提供了一个财政分权视角的解读。然而，中国不是真正意义上的联邦制国家，高度集权的单一制特征使行政放权随时有被中央政府收回的可能，此外，财政包干制演变为 1994 年之后的分税制，特别是分税制改革之后的 2002 年所得税分享改革以及目前正在推行之中的增值税改革，财税利益分配实际上向中央政府倾斜，所以，行政和经济管理权限的变动并不符合"市场维持型联邦主义"所强调的高度稳定性的要求。因此，在中国经济高速增长的背后，地方政府一定还存在超越行政与财政之外的更根本的激励力量存在。

令人欣喜的是，以北京大学周黎安教授、复旦大学张军教授为代表的一批学者，以布兰查德等（2001）的研究为基础，在纳入中国政治因素分析之后，对第二代财政分权理论做了重要补充。[①] 布兰查德等（2001）通过比较分析，认为财政分权下中国的政治集权是中国取得比俄罗斯更好经济绩效的原因。周黎安（2007，2008）认为，"行政逐级发包"与"政治晋升锦标赛"是理解地方政府激

---

① 他们的成果集中体现在：张军，周黎安．为增长而竞争：中国增长的政治经济学 [M]．上海：格致出版社、上海人民出版社，2007.

励与经济增长的关键线索之一，在中央政府 GDP 相对绩效考核下，地方官员之间围绕 GDP 增长而展开激烈的竞争，从而推动中国经济高速增长。[①] 张军和高远（2007）利用实证检验得出的结论是，官员的任期限制与异地交流制度总体上对经济增长有相当正面的推动作用，具有较好的稳健性，进一步说明了中央政府政治激励对地方官员的影响。在上述文献研究的基础上，傅勇和张晏（2007）首次明确地提出中国式分权的概念（decentralization，Chinese style），指出经济分权同垂直的政治管理体制紧密结合是中国式分权的核心内涵，是地方政府支出结构偏向的激励根源，并且其实证检验结论是，中国的财政分权以及基于政绩考核下的政府竞争，造就了地方政府公共支出结构"重基本建设、轻人力资本投资和公共服务"的明显扭曲；并且，政府竞争会加剧财政分权对政府支出结构的扭曲。学术界随后的研究均以上述文献为基础探讨中国式财政分权对社会和经济发展的多重影响。

2.2.2 中国式财政分权对城乡收入差距的影响

关于财政分权与城乡收入分配的关系，学术界曾做过相关研究。如阎坤和陈昌盛（2001）探讨了财政分权框架下再分配职能如何在政府间最优的划分。查丁等（Jütting et al.，2004）发现，分权改革有助于提高公众参与程度、增进公共部门责任感、改善政府治理水平，而这些都是影响贫困的重要因素。然而，巴丹等（Bardhan et al.，2005）认为，分权的体制提高了地方政府对本地居民整体福利的责任感，但地方精英可以通过政治影响力、"政治献金"的方式来换取公共服务的优先权，因此，公共支出可能会更偏向富人，并不利于贫困减少。卡普勒等（Kappeler et al.，2008）进一步指

---

① 周黎安（2008）做了一个非常形象的比喻：中国经济就如同一辆在高速公路上飞速奔跑的旧车，西方人作为局外人不理解为什么这么旧的车还能高速行驶，认为里面一定有神秘装置；而坐在车内的中国人，发现满车的装置简陋，心里也禁不住老犯嘀咕：这么旧的车为什么还能够一路狂奔？

出，财政分权会降低具有再分配性质的公共投资占总公共投资的比重。郝和魏（Hao and Wei，2010）的研究则给出了财政分权是造成中国收入差距拉大的证据。通过对现有文献的总结与梳理，本书将财政分权影响城乡收入差距的文献分为以下几类：

1. 财政分权、经济增长与城乡收入差距

该类研究集中于对财政分权、经济增长和收入差距关系的研究，认为财政分权在促进经济增长的同时也加剧了收入不平等（如殷德生，2004；王永钦等，2007；Qiao et al.，2008）。陈安平（2009）利用 1994 年分税制后的经验数据，通过建立联立方程模型，估算财政分权对经济增长和城乡收入差距的影响，研究结果表明，财政分权使地方政府的财政支出显著增加，但财政支出的增加并不必然有利于经济增长和拉大城乡收入差距。李雪松和冉光和（2013）将财政分权制度、农业经济增长和城乡收入差距纳入统一的逻辑框架，利用 1985～2010 年时间序列数据，基于向量自回归模型（VAR）分析的研究认为，城乡收入差距、农业经济增长和财政分权之间具有长期均衡关系，财政分权短期内会加剧城乡收入差距，但长期内会缓解城乡收入差距。① 贺俊和吴照葵（2013）通过构建一个内生增长模型，探讨了财政分权对经济增长的影响，并利用 1997～2011 年中国的省际面板数据进行实证分析，结果表明财政分权对促进经济增长具有积极作用，但同时也是导致中国城乡收入差距拉大的原因。②

2. 财政分权、公共品供给与城乡收入差距

解垩（2007）基于 1994～2004 年间省级面板数据，实证分析了财政分权、政府政策及城乡公共品差异对城乡收入差距的影响。

---

① 李雪松，冉光和. 财政分权、农业经济增长与城乡收入差距 [J]. 农业技术经济，2013（1）.
② 贺俊，吴照葵. 财政分权、经济增长与城乡收入差距——基于省际面板数据的分析 [J]. 当代财经，2013（5）.

估计结果显示，财政分权程度、政府财政支出结构对城乡收入差距有显著的影响，财政分权程度越大，城乡收入差距越小。研究结果表明，财政分权对我国城乡收入差距有缩小作用，增加农村公共品供给对降低城乡收入差距具有显著的缩小作用。张克中等（2010）从公共支出效率和公共支出结构两个角度，论述了财政分权与贫困减少之间的联系，通过利用我国分税制改革后的省际数据发现，就北京、上海和天津而言，财政分权程度的增加恶化了贫困状况；而对于其他省份，财政分权程度的增加则有利于缓解贫困。余长林（2011）基于1994～2008年间我国省级面板数据，从财政分权、城乡公共品供给差异两个方面，运用工具变量和动态面板的系统GMM估计方法，对中国城乡收入差距的影响因素进行了实证研究。结果显示，财政分权对缩小我国城乡收入差距没有起到显著作用，但对缩小我国东部地区的城乡收入差距有显著作用，对中部和西部地区的影响不显著。苏素和宋云河（2011）采用面板数据分析方法，分析了1997～2008年中国城乡收入差距的影响因素，研究结果表明，财政分权对全国城乡收入差距的影响为负，且在1%水平上显著。[1]

3. 财政分权、制度供给失衡与城乡收入差距

姚洋等（2003）认为目前中国财政分权出现制度供给的失衡，且远远超过了适度的界限，其结果之一就是地方公共品提供的分散化和小型化。在许多地方，医疗、养老、失业和城市低保只能统筹到区县一级，这样的后果一是妨碍人口的流动，二是加大了地区差距，使好的地方更好，差的地方更差。社保的一个作用本来就应该是进行收入的二次分配，调节地区收入差距，目前分散的社保体系恰恰是反其道而行之，从而导致了收入差距的扩大。其他学者如何忠洲（2005）也认为，过度的财政分权可能增加不平等以及加大地区间发展的不平衡。这些问题源于中国的财政分权是在一个制度供

---

[1] 苏素，宋云河. 中国城乡收入差距问题研究［J］. 经济问题探索，2011（5）.

给失衡的环境中进行的，也就难以避免产生诸多问题。所以，在制度供给失衡的情况下，中国的财政分权赋予并强化了地方政府的利益主体地位，致使地方政府行为变异，从而对城乡收入分配产生了不利影响。

4. 财政分权、金融发展与城乡收入差距

胡月、刘文朝（2012）以财政分权改革为背景，利用 1985～2010 年中国省级面板数据，考察了财政分权、金融发展与城乡收入差距之间的关系。[①] 经验研究表明，始于 1985 年的财政分权制度改革，有效地提高了城市和农村居民的收入并缩小了城乡收入差距；财政分权背景下的金融发展对城乡收入差距的缩小总体上起到了积极的促进作用；但 1994 年进一步的分税制改革后，地方政府采取的竞争手段以及竞争目的超越了良性竞争范畴，地方政府的经济竞赛导致的金融畸形发展对城乡收入的缩小产生较强的负面效应。金融发展与城乡收入差距背道而驰，金融发展水平的提高十分显著地扩大了城乡居民收入差距。

5. 财政分权、通货膨胀与城乡收入差距

尚长风等（2008）的研究表明，中国的财政分权对货币供给增长率和投资增长率具有显著的正向影响，财政分权通过货币供给和投资两大途径间接地对通货膨胀产生作用，而对于财政分权与通货膨胀的总体协整分析表明，中国改革开放以来财政分权程度的加大显著加剧了通货膨胀。[②] 在此基础上，赖小琼、黄智淋（2011）认为财政分权的程度越大，意味着中央政府将更多的财政收支权力下放给地方政府，以至可供地方政府支配的财政资源一定程度上增加了。在以 GDP 考核政绩的畸形激励制度下，地方政府可能为片面

[①] 胡月，刘文朝. 财政分权、金融发展与城乡收入差距 [J]. 区域金融研究，2012（4）.

[②] 尚长风，许煜，王成思. 中国式财政分权与通货膨胀：机制和影响 [J]. 江苏社会科学，2008（1）.

追求高 GDP 而不惜代价地增加财政支出，从而增加了流通中的货币供应量。一旦流通中货币的供应量超过了实际货币需求量，将产生一定的通货膨胀压力，从而导致通货膨胀。如果地方政府将由于财政分权而增加的可支配财政资源，更多地用于增加转移支付、发展农业、教育和科学事业等有利于提高农村居民收入水平的财政支出，财政分权将有利于缩小城乡收入差距；如果地方政府将这种资源更多地用于提高城镇居民收入水平，财政分权可能不利于城乡收入差距的缩小。

2.3 人力资本影响城乡收入差距的文献综述

2.3.1 人力资本理论发展脉络

有关人力资本理论可以追溯到经济学创立之初。当时，古典经济学家的劳动价值学说就已经确立了人的劳动在财富创造中的决定性地位。威廉·配第关于"土地是财富之母，劳动是财富之父"的著名论断就是这些思想的最早体现。亚当·斯密（Adam Smith）在其著作《国富论》中不仅把社会上一切人民学到的有用的才能作为固定资产中的第四种即人力资本，同时，他把工人技能的提高视为经济增长、经济进步和经济福利增长的源泉，首次论证了人力资本投资与技能如何影响个人收入和工资结构等问题。斯密指出，在社会的固定资本中，可提供收入或利润的项目，除了物质资本之外，还包括社会上一切人们学得的有用才能。学习一种才能，需接受教育、需进入学校学习、需做学徒，这种才能的学习花费不少，这种花费的资本好像已经实现并且固定在他的人格之上，这对于他个人固然是财产的一部分，对于他属于的社会也是同样。这种优越的技能，可以和职业上节约劳动的机器工具作同样的看法，就是社会上的固定资本。斯密对早期的人力资本思想首次进行了较为系统和专门的阐述，并建议国家推动甚至是强制全体国民接受最基本的教育。继斯密之后，约翰·穆勒（John Mueller）在其《政治经济学原理》中指出，技能与知识都是对劳动生产率产生重要影响的因素，强调个人能力应与工具、机器等一样被视为国民财富的一部分。

20 世纪 50 年代后期，现代人力资本理论才得到发展。张凤林在他翻译的美国经济学家雅各布·明塞尔（Jacob Mincer）的《人力资本研究》译者序中指出，人力资本理论的发展在最初有三条线索：一是美国经济学家舒尔茨（Theodore Schultz）结合经济增长问题的分析明确提出了人力资本的概念，阐述了人力资本投资的内容及其对于经济增长的重要作用；二是美国经济学家明塞尔（Jacob Mincer）在对有关收入分配和劳动市场行为等问题进行研究的过程中开创了人力资本的方法；三是美国经济学家贝克尔（Gary S. Becker）从其关于人类行为的一切方面均可以诉诸经济学分析的一贯方法论出发，将新古典经济学的基本工具应用于人力资本投资分析，提出了一套较为系统的人力资本理论框架（张凤林，2001）。为便于分析，本书将集中于前两个主线进行文献综述。

1. 人力资本与经济增长

20 世纪五六十年代的经济增长理论主要都是围绕着技术进步的内生化展开的。舒尔茨从探索经济增长之谜入手，首次完整明确地提出了人力资本的概念，形成了系统的人力资本理论。从人力资本角度研究知识积累并把其纳入经济增长理论分析的是索洛。索洛（Solow，1957）在他的著名论文《技术进步与总量生产函数》中把人均物质资本作为唯一的自变量，人均产出作为因变量建立模型，对美国 1909～1949 年的历史数据进行分析，得出了如下结论：在人均产出的增长率中人均物质资本贡献仅占 1/8，而 7/8 则归因于技术进步，这就是所谓的"索洛技术进步残差"（Solow Residual），这个残差引起了许多经济学家的关注。索洛模型的缺陷主要表现在两个方面：一是这个总要素生产率是产出和投入增长的差额，是个后验数据，它应该由更细致、更具体的因素组成，其中主要包括人力资本和内含于物质资本的技术进步。二是索洛假设劳动力和资本是同质的，这就忽略了很多解释经济增长的其他因素。

而舒尔茨的研究主要是宏观方面的，把人力资本作为经济增长决定因素，关注人的经济价值的上升在总量经济上所产生的影响，尤其是经济增长过程中发生的人力资本与物质资本总量之间的对比关系变化。舒尔茨（1960）指出人的知识、能力、健康等人力资本的提高对经济增长的贡献要比物质资本、劳动力数量的增加重要得多。他首次结合经济增长问题，明确提出了人力资本的概念，阐述了人力资本投资的内容及其对于经济增长的重要作用，这些论断被认为是现代人力资本理论的起源。舒尔茨认为，人的经济才能并非与生俱来，而是通过带有投资性质的活动逐步发展起来的，这些活动包括教育、健康、在职培训和劳动力迁移。在经济增长中，特定的物质资本存量的相对收入已经下降，难以解释的经济增长就主要是来源于人力资本存量的增长。人力资本投资的收益率要高于物质资本投资的收益率。

继舒尔茨之后，从阿罗（Arrow，1962）的开创性文章《实践学习对经济学的意义》开始，技术进步内生化成为新增长理论的核心研究内容。阿罗认为仅用资本和劳动力投入解释经济增长是不够的，技术外生也是不科学的。他认为技术进步主要来自经历（experience），即通过"干中学"或在职培训所获得的。技术进步完全内生于新的物质资本品，新物质资本品的形成吸取了所有可用知识（技术进步和学习效果只产生于资本品部门）。这些知识都是在实际生产活动中逐渐积累起来的，从事生产的劳动力获得知识是个内生的过程，获取知识的主要方式是在职学习，而作为在职学习主要方式的"干中学"又是多次重复经历的过程，也要有物质资本投入，物质资本投入越多，"干中学"的效率越高，人力资本积累就越大。

在阿罗以后又有两个研究方向，一是罗默的直接技术进步内生化模型，二是卢卡斯的间接技术进步内生化理论。罗默首先承沿了阿罗的思想继续研究，罗默（Romer，1986；1990）把 R&D 部门看作知识积累和技术进步的源泉，建立了 R&D 与投入人力资本（或劳动力数量）之间的函数关系。罗默（1986）提出了完全内生化技术进步的增长模型，在此模型中，他提出了长期经济增长主要是由知识积累推动的。罗默（1990）从规模报酬不变的柯布—道格拉斯生产函数中推导出如下结论：人均收入增长率与社会投到 R&D 的人力资本比重成正比，与人力资本在 R&D 中的边际产出率成正比，与时间贴现率成反比。假如一国用于 R&D 的人力资本过少，或已有的人力资本存量相当贫乏，那么该国可能很难摆脱低速经济增长的轨迹。

罗默理论的主要缺陷是假定了一国人力资本存量不变和封闭经济环境。而卢卡斯在其《论经济发展的机制》（Lucas，1988）一文中，将经济增长的源泉内生化，把原来独立的人力资本理论引入经济增长，将经济增长的源泉归结为人力资本的增长。卢卡斯运用更加微观化的个量分析方法，将舒尔茨的人力资本理论与索洛的技术进步概念结合起来具体化为"每个人的"、"专业化的人力资本"，认为只有这种特殊的、专业化的人力资本积累才是产出增长的真正源泉。

继卢卡斯之后，其他经济学家也相继建立了一些"内生性经济增长模型"，其中主要有贝克尔等（1990）的"长期增长均衡模型"、乐贝罗（Lebelo）的"长期增长模型"、S. 马丁等（Sala-i-Martin et al.，1992）的"两资本部门增长模型"等。在这些增长模型中，经济学家们十分强调人力资本的关键作用。格罗斯曼等（Grossman et al.，1989；1990）的模型从 R&D 的角度，探讨研究与开发中间产品和最终产品生产中所凝结的人力资本以及它们之间的相互作用。认为政府和厂商在 R&D 上的投入，使得产品种类增加，质量提高，并使成本下降，从而推动经济增长，经济增长带来的投资积累反过来又增加了 R&D 的投入，二者的相互作用内在地构成了良性循环。这就是以技术创新为基础的内生增长模型。

2. 人力资本与收入分配

把人力资本作为劳动收入分配和工资结构的决定因素来考察的

经济学家是雅各布·明塞尔。他首先把人力资本理论应用到了劳动经济学上，将研究的焦点从劳动的均质性转移到劳动的异质性，从短期的工资和就业决策转移到长期的投资决策，是人力资本理论对劳动经济学的主要贡献。1958年，明赛尔发表了题为《人力资本投资与个人收入分配》一文，首次建立了个人收入分配与其接受的培训量之间关系的经济数学模型，率先运用人力资本投资的方法研究收入分配，得出了在自由选择的条件下，每个人基于收入最大化而进行的不同人力资本（或培训）的决策，决定了他们之间收入分配的格局。明赛尔的这一模型有两个基本的含义：一是人力资本量越大，工资水平就越高；投资量越大，反映整个年龄段工资增长的"工资年龄剖面图"（wage profile）就越陡峭；二是在培训时间长度上的绝对差别被转化为工资上的百分比差别。但是他的有关工资的技能结构的研究，只是采取了工资分布模式的定性经验预测，没有作出参数分析，这些缺陷随后被贝克尔给予了完善。1970年，明赛尔在他的另一篇论文《在职培训、成本、收益与某些含义》中，借鉴贝克尔的人力资本计算方法，把人力资本积累划分为正规学校教育和在职培训两部分，并采用美国教育、年龄和性别组别的统计资料进行分析，根据对劳动者个体收益差别的研究，估算出了美国对在职培训的投资总量和在这种投资上获得的私人收益率。他在1974年的著作《学校教育、经验与收入》一书中创建了更为完备的劳动力生命周期中人力资本积累的收入模型。这里他把研究的重点放在了个人资料的分析上，引入贝克尔的生命周期中个人收入的变化资料，发展了贝克尔和奇斯威克早先对收入不均等问题的研究成果。他论证了在劳动者的生命周期中，收入总体上是不断上升的，而且随着年龄的增加呈现一种凸型的轨迹，并把其收入研究的重点从年龄转向了工作经验。他认为在职培训不仅包括参加明确的项目培训，而且包括实践当中所学习到的经验，即"干中学"。工作当中的人力资本投资在很大程度上受到市场需求的引导而非年龄的大小。

明赛尔对人力资本的研究主要集中在三个方面：一是研究人力资本对个人劳动所得的影响。他借鉴斯密的"补偿原理"，首先建立了人力资本投资的收益率模型，并且首先提出了人力资本的劳动所得函数（earning function）。二是研究劳动市场上人力资本投资及其对工资增长、劳动流动与失业的含义。在这个方面，明赛尔集中研究了职业培训投资以及他们的后果。三是研究了经济增长、技术与人力资本需求。在此方面，明赛尔创立了一种人力资本需求的变动源泉理论以及探讨了这些变化对劳动市场的影响。继明塞尔等人的理论研究之后，很多学者的实证研究则进一步证明了明赛尔的观点。如马林和萨卡罗布罗斯（1976）使用美国数据研究发现，受教育年限每增加 1 年，收入不平等程度（用收入对数的方差表示）将下降 10%。温内加登（1979）使用 32 个国家的数据，以收入最低的 80% 人口所占有的收入份额作为被解释变量，以劳动力受教育年限自然对数的均值及其方差作为解释变量进行回归分析。结果表明，劳动力受教育年限自然对数的均值越大，收入最低的 80% 人口占有的收入份额也越大。拉姆（1984）则直接用受教育年限的均值及其方差作为教育变量，以收入最低的 80% 人口所占有的收入份额和收入最低的 40% 人口所占有的收入份额作为收入不平等变量，用 28 个国家的数据研究教育对收入不平等的影响，结果表明，平均受教育年限的提高对收入不平等有适度的平等化作用。

在明赛尔等人之后，许多经济学家发展了人力资本理论。比如盖勒等（Galor et al.，1993）、盖勒等（Galor et al.，1997）以及博切纳尔（Birchenall，2001）通过人力资本代际分配演化过程的分析，研究了人力资本分配过程中的不平等趋势，而且代际间的交叉以及他们对生产结构的作用，使得收入分配被转化为一种状态变量而不断变化。而艾克斯坦等（Eekstein et al.，1994）、维尔尼等（Viaene et al.，2001）则研究了代际重叠的经济中由于每个家庭都具有异质性，因此其人力资本积累的过程都不相同，从而导致代际内收入分配的不平等。

2.3.2　人力资本差异对中国城乡收入差距的影响

相比于西方国家，我国的人力资本理论研究起步较晚，并在吸收和借鉴西方人力资本理论的基础上研究我国的城乡收入差距问题。这些文献主要是借鉴以明赛尔、舒尔茨以及贝克尔为代表的人力资本理论对经济增长和收入分配的影响分析中国城乡收入差距问题。

1. 关于人力资本与城乡收入差距的理论研究

赵满华（1997）认为，劳动者文化技术素质是影响城乡收入差距变动的因素。杨涛等（Yang et al. ，1999）认为城市偏向的发展政策如社会保障政策、教育政策等扩大了城乡收入差距，并将延续到下一代，使城乡收入差距进一步扩大。侯风云和徐慧（2004）认为，人力资本在城市和农村具有不同的溢出效应，农村人力资本具有强烈的外溢性特征，而城市人力资本则具有强烈的内溢性特征。长期以来，农村人力资本对城市经济发展形成了强有力的支持，而城市人力资本则形不成对农村的支持。新中国成立以来城乡之间在人力资本投入及形成后的人力资本作用的发挥上，都存在着城市对农村的"剥夺"，而且这种剥夺远远超过了人们常常提到的以往和正在进行的对农民利益的三次"剥夺"。两位作者认为，政府在着手解决农村、农业和农民问题时，应该从根本上即从人力资本投资及完善农村人力资本运行环境上入手，使农村人力资本能够对农村经济发展发挥很好的作用，并在一定程度上吸引城市人力资本，只有这样才能真正缩小城乡收入差距。郭剑雄（2005）认为农村居民与城市居民人力资本的差距拉大是城乡收入差距扩大的根本原因之一。惠宁（2005）从人力资本的角度出发，认为个人收入分配的原则应是按生产要素分配，劳动者作为自身人力资本的所有者，与物质资本的所有者一样，有权利参与收益分配。

林毓鹏（2007）研究发现，只有长期增加农村教育的投入，提高整个社会尤其是农村的平均教育水平，最终通过教育的平等化，才能达到缩小城乡收入差距的目的。[①] 靳卫东（2011）认为，收入

---

① 林毓鹏．中国城乡教育支出差距对城乡收入差距的影响［J］．统计与决策，2007（24）．

差距会影响到人力资本投资，同时人力资本投资也会影响到收入差距的变化。在长期内，考虑到最低消费约束与投资成本，我国农民的人力资本投资存在着两个稳定均衡和一个非稳定均衡，这使得农民的人力资本差距和收入差距逐渐增大。由于收入差距对人力资本投资的影响，公共财政支出的增加不一定能消除贫困，使所有农民的人力资本投资都超过"最小临界门槛"才是最终解决贫困和收入分配问题的根本途径。

2. 关于人力资本与城乡收入差距的实证研究

蔡昉（2005）从城乡收入差距角度出发，认为人力资本水平的差异是影响城乡居民收入差距的重要因素。在农村劳动力与城市劳动力之间的全部工资差异中，人力资本差异解释了其中的57%，同时，不论是就业岗位间的工资差异还是就业岗位内的工资差异，都有相当大部分是由人力资本禀赋差异引起的，分别为54%和61%。① 都阳（2005）从农村贫困人口结构角度出发，认为随着中国农村贫困人口结构的变化，贫困人口越来越多地集中在教育水平和健康水平较差、没有足够生存能力的人群中，贫困家庭的人力资本水平明显低于非贫困家庭，贫困家庭中成人文盲率为22.1%，非贫困家庭中成人文盲率为8.9%。② 张克俊（2005）采用就业结构、城市化水平、人均GDP、政府财政支出、第二产业与第一产业的劳动生产率之比以及第三产业与第一产业的劳动生产率之比等指标作为主要解释变量对城乡居民收入差距的影响因素进行了定量分析，认为农业与二、三产业比较劳动生产率的不断扩大是造成城乡收入差距不断扩大的重要原因，农村居民与城市居民人力资本的差距拉大是根本原因。③ 白菊红等（2006）将2001年东部沿海地区和中部两个省份的样本数据采用OLS方法对模型进行回归，结果表明，

---

① 蔡昉. 剩余劳动力流动的制度性障碍分析——解释流动与差距同时扩大的悖论[J]. 经济学动态，2005（1）.

② 都阳. 中国农村贫困性质的变化与扶贫战略调整［J］. 中国农村观察，2005（5）.

③ 张克俊. 我国城乡居民收入差距的影响因素分析［J］. 人口与经济，2005（6）.

户主文化程度为高中以上的可显著增加农户家庭人均纯收入，初中和小学文化程度的户主对家庭人均纯收入没有显著影响。[①] 侯风云和张凤兵（2007）以人力资本溢出效应城乡两区域模型为基础，采用协整检验和误差修正模型对中国农村人力资本投资及外溢与城乡差距的关系进行实证检验。结果表明，缩小中国城乡差距，必须加大对农村的人力资本投资。同时，要加强政府对农村的基础设施投资，为农村人力资本作用的充分发挥创造条件。侯风云和张凤兵（2010）在对山东省城乡居民人力资本投资核算的基础上，采用协整检验和误差修正模型，实证分析了山东省城乡收入差距与要素投入的关系。结果表明，1980～2006年城乡劳动力投入差距和人力资本投资差距对山东省城乡收入差距的作用要远大于城乡物质资本投资差距。

3. 关于教育人力资本差异与城乡收入差距的研究

谭等（Tan et al.，1992）、彭罗斯等（Penrose et al.，1993）认为，以基础教育为主要内容的公共教育资源从富裕流向贫困的原则，是衡量教育资源分配是否公平的最终标准。白雪梅（2004）关于教育与收入分配的文章指出，教育对收入不平等有着重要的影响。研究认为，教育水平的提高会降低收入不平等程度，教育不平等会加剧收入不平等程度。王姮等（2006）对变量进行消除趋势处理，建立了收入和教育多元回归模型，将29个省份1994～2003年的数据进行FGLS回归分析，结果表明，农村劳动力的教育结构对农民人均纯收入有显著的正向影响，且从小学到大学依次渐增，影响系数分别为14.916、25.88、30.631、184.329。[②] 郭志仪等（2007）认为农户人力资本投资分为健康投资、迁移投资和教育投资，健康投资对农民收入增长起到抑制作用，而迁移投资和教育投资对农民收入增长起

---

① 白菊红，李旸. 农户家庭人均纯收入影响因素再分析 [J]. 河南农业大学学报，2006（4）.
② 王姮，汪三贵. 教育对中国农村地区收入差距的影响分析 [J]. 农业技术经济，2006（2）.

促进作用，其中教育投资对农民收入增长的正向影响最大。[①] 温娇秀（2007）在考察产业结构、私营经济活跃程度、城市化进程以及开放度等影响城乡收入差距的基础上，重点考察了教育差距对城乡收入差距的影响，通过实证研究发现，城乡教育不平等是收入差距扩大的一个重要原因，城乡教育差距每上升 1 个百分点，城乡收入差距将上升 6.4 个百分点。王海云等（2009）从人力资本角度，对小学教育、中学教育、中等职业教育及高等教育对城乡收入差距的作用进行固定参数与动态参数检验，发现高等教育无论在短期还是长期，都表现出扩大城乡收入差距的趋势；城乡收入差距在长期内对小学教育与中等职业教育发展起到了推动作用；中学教育、中等职业学校教育与小学教育对城乡收入差距在短期内呈现出抑制作用。[②] 同样，穆月英等（2010）研究发现，农村居民人力资本水平对城乡差距的影响最大，其中农村人力资本水平指农村劳动力平均受教育年限。[③] 陈斌开等（2010）通过构建一个包括厂商、消费者、政府和教育部门的理论模型，进一步考察城乡教育水平差异的决定因素，研究发现，城市偏向的教育经费投入政策是城乡教育水平、城乡收入差距扩大的重要决定因素。研究发现，教育水平差异是中国城乡收入差距最重要的影响因素，其贡献程度达到 43.69%。

2.4 文献总结与评论

2.4.1 文献总结

通过文献梳理可知，很多学者都认为城乡之间收入差距一直是

① 郭志仪，常晔. 农户人力资本投资与农民收入增长 [J]. 经济科学，2007（3）.
② 王海云，陈立泰，黄仕川等. 教育作用于城乡收入差距的实证检验：扩大或抑制——以重庆市为例（1985－2006）[J]. 经济问题探索，2009（10）.
③ 穆月英，崔燕，曾玉珍. 我国城乡居民收入差距成因和收敛趋势分析 [J]. 经济问题，2010（7）.

造成中国居民之间总体收入差距的最主要因素。因此，找到引致城乡收入差距的因素是解决城乡收入差距和中国居民总体收入分配问题的核心。本书对影响城乡收入差距的主要因素进行了系统梳理和总结，大致归纳为以下几类：

一是二元经济结构对城乡收入差距的影响。以美国经济学家刘易斯为代表，侧重分析二元结构的特征、农业与工业发展的互动、农业剩余人口的非农化及农业和工业的平衡发展问题。长期以来，中国二元经济结构导致了城乡之间的不平衡发展，而城乡不平衡发展造成了城乡之间的收入差距。

二是城市偏向型国家发展战略对城乡收入差距的影响。正是发展中国家工业化、城市化进程中投资、税收、价格、外贸等经济政策的城市偏向，错误地配置了资源，使经济、社会出现极度不平衡的增长，导致城乡差距逐步拉大。此外，城市偏向的发展政策如社会保障政策、教育政策等扩大了城乡收入差距，并将延续到下一代，使城乡收入差距进一步扩大。

三是公共品供给城乡差异对城乡收入差距的影响。随着中国经济更加自由化，财政政策在形成城乡收入差距的问题上开始扮演越来越重要的角色。已有研究表明，城乡公共品供给差异通过对城乡居民实际生活水平与生活质量、城乡居民人力资本积累和生产效率的作用而影响城乡收入差距，因此，要缩小城乡居民之间的收入差距就要平抑城乡公共品供给差异。

四是财政分权对城乡收入差距的影响。该类文献主要是从中国财政分权角度，分析政治晋升激励和财政激励对地方政府行为及财政支出结构的影响。通过对现有文献的总结与梳理可知，财政分权影响城乡收入差距的文献分为以下几个方面：财政分权、经济增长与城乡收入差距；财政分权、公共品供给与城乡收入差距；财政分权、金融发展与城乡收入差距；财政分权、通货膨胀与城乡收入差距等。可见，现有研究从多个方面对中国式财政分权对城乡收入差距的影响进行了探讨和分析。

五是人力资本差异对城乡收入差距的影响。以明赛尔等人为代表的现代劳动经济学家最早从人力资本角度解释收入分配问题。明赛尔借鉴亚当·斯密的"补偿原理",首先建立了人力资本投资的收益率模型,并且首先提出了人力资本的劳动所得函数(earning function)。而有关的实证研究也表明,平均受教育年限的提高对收入不平等有适度的平等化作用。相比于西方国家,我国的人力资本理论研究起步较晚,并在吸收和借鉴西方人力资本理论的基础上研究我国的城乡收入差距问题。这些文献主要从理论与实证两个角度考察人力资本对城乡收入差距的影响,尤其以教育为分析对象,检验了城乡不同受教育程度、教育资源享有的巨大差异对城乡收入差距的影响。研究认为,教育对收入不平等有着重要的影响;教育水平的提高会降低收入不平等程度,教育不平等会加剧收入不平等程度。

2.4.2 文献评论

由影响城乡收入差距的因素可知,目前已有的文献研究为当下的中国城乡收入差距问题提供了丰富的理论解释和经验证据,并加深了我们对该问题的认识,为解决城乡收入差距过大的问题提供了更宽的思路与更开阔的视野。但是,关于引致城乡收入差距的诸多因素还是值得商榷的。计划经济时期,受制于我国经济发展的现实,需要实行城乡二元体制和城市偏向型的政策,这必然会导致政府公共品供给的城市偏向,导致城乡居民在包括教育在内的公共品享有上的巨大差异。然而,改革开放30多年来,随着市场经济体制的逐步完善和发展,传统计划体制逐渐被打破,城乡二元分割的传统城市偏向政策也被逐渐瓦解,为什么城乡收入差距依然较高?所以,我们需要寻找新的答案来解释现有的城乡收入差距问题。

事实上,关于城乡收入差距问题,学术界已然开始从新的视角进行解读了,其中财政分权就是一个例子。对于城乡收入差距的财政分权因素,从现有文献来看,主要有5个方面的研究,已经为中国城乡收入差距问题提供了丰富的经验证据。但由于文献总量有限,仅有的文献又多集中于实证方面,如解垩(2007)、陈安平

（2009）、余长林（2011）、赖小琼和黄智淋（2011）、范晓莉（2012）等，缺少必要的理论基础研究。尽管余长林（2011）试图在解垩（2007）的基础上建立一个财政分权影响城乡收入差距的机制，但并没有把问题说明清楚，且依然遵循了解垩（2007）的逻辑思路，缺乏深入研究。其次，现有的实证研究都是以中国式财政分权下地方政府的财政支出结构为解释变量，考查范围涉及地方政府的多种财政支出，而没有单独考虑到地方政府某一种财政支出——例如教育——对城乡收入差距的影响。而且，对于地方政府财政支出的城市偏向问题缺少一个系统翔实的理论解释。换言之，从财政分权角度研究城乡收入差距问题，需要我们在理论与实证两个方面进一步深化和细化，弥补现有研究之不足。

此外，近年来，随着现代西方劳动经济学的引入和发展，人力资本理论开始在我国兴起，并且被用来解释我国的城乡收入差距问题，认为农村居民与城市居民人力资本差距的拉大是城乡收入差距扩大的根本原因，从而使城乡收入差距问题的研究又增加了一个新的视角和解释因素。从人力资本角度解读城乡收入差距问题，现有文献大都集中于城乡间教育差异方面。研究发现，只有长期增加农村教育的投入，提高整个社会尤其是农村的平均教育水平，最终通过教育的平等化才能达到缩小城乡收入差距的目的。根据贝克尔等人的人力资本投资理论，教育是人力资本形成的重要来源，由于现实存在的收入差距制约了农村居民个人的人力资本投资，因此，政府的教育公共品供给就显得尤为重要。由于中国的教育支出基本上是由地方政府完成的，而且，地方政府的教育支出一方面总量不足，另一方面又存在城市偏向问题，导致对农村的教育投入严重不足，抑制了农村人力资本的形成。尽管依据人力资本理论，受教育程度会直接影响居民个人的人力资本水平和获取收入的能力，且目前我国的城乡居民受教育程度的差异是造成城乡收入差距的重要原因，且一致认为，政府对农村的教育投入不足以及城乡间巨大的教育公共品差异是主要原因，但是，现有研究忽略了如下重要事实：我国的教育支出基本上是由地方政府负责的，尽管这并不符合财政分权中事权划分的效率标准；对于地方政府为什么会实行城市偏向的教育支出政策缺少进一步的解释。换言之，从人力资本角度研究城乡收入差距问题就不得不从中国式财政分权着手，这是现有文献的不足。更进一步，如果将中国的城乡收入分配问题纳入整个中国的经济增长过程中的话，那么，城乡收入差距的形成与地方政府就有着密切的联系，亦即中国的城乡收入差距问题必须纳入财政分权的框架内进行深度透视。

本书所做的主要工作就是基于财政分权的视角考察地方政府教育支出偏向城市对城乡收入分配的影响，将财政分权、人力资本和收入分配等有关因素纳入一个理论分析框架，系统构建了财政分权对城乡收入差距的影响机理与传导机制。同时基于《第六次全国人口普查》数据对城乡居民受教育程度差异所导致的就业和收入分配差距进行了详尽的实证检验，且基于计量分析与关联检验证明，中国式财政分权及其增长型激励机制是地方政府实行城市偏向型教育支出政策的原因。因此，本书既弥补了现有研究之不足，并基于理论与实证检验两个方面从更深层次、更高维度提出改善我国城乡收入差距的对策建议。

第 3 章

中国式财政分权、地方政府行为变异与城乡收入差距：分析框架

由于经济增长是要素经济价值创造与自我价值实现过程，因此，解决中国的城乡收入差距问题就必须与中国经济增长和地方政府行为联系在一起，因为正是地方政府在中国式财政分权激励下"为增长而竞争"创造了中国经济增长奇迹。所以，从财政分权角度讨论城乡收入差距问题，本书的分析起点在于：地方政府在中国式财政分权下面临着什么样的激励机制？它会有哪些行为选择？这些行为对城乡收入分配产生了怎样的影响？财政分权影响城乡收入分配的具体媒介与影响机理是什么？本章通过构建中国式财政分权影响城乡收入差距的分析框架对上述问题给出明确的回答。

3.1 中国式财政分权及增长型激励机制

3.1.1 中国式财政分权的特征

1. "行政性一致同意"型财政分权模式

根据布坎南宪政经济学的基本观点，制度分析可以划分为两个

层次，即立宪性层次与执行性层次。立宪性制度决策方式是对制度制定本身的规则的选择和确定，是在制度制定之前先谈妥一切相关的规则；而执行性制度决策方式则是在既定规则之下的选择，是一种事后的对既定规则的执行和运用。当实践中由于不同原因和实际条件的限制导致"立宪性一致同意"型决策方式不存在时，就出现了所谓的"行政性一致同意"的情况，该种决策方式不是事前将具体的规则制定出来，而是根据现实需要确定具体的执行方式。"行政性一致同意"更加注重决策过程而非规则本身，因此，随着时间的展开，规则本身便显现出弹性和灵活的特点。

中国式财政分权属于典型的"行政性一致同意"型财政分权模式。从《国务院关于实行分税制财政管理体制的决定》到《国务院关于印发所得税收入分享改革方案的通知》，再到《财政部、国家税务总局关于全国实施增值税转型改革若干问题的通知》和《财政部、国家税务总局关于印发〈营业税改征增值税试点方案〉的通知》，一系列重大财税改革方案的出台均属于布坎南执行性层次的决策方式，即"行政性一致同意"型财政规则，政府行政决策（主要是中央政府）在财税改革中起着关键的主导作用。因此，"立宪性一致同意"的缺失决定了中国的财政分权只能是"行政性一致同意"型模式。

2. 中央政治集权下的经济（财政）分权

由于"免费搭车"和筹资机制中的"偏好隐匿"会导致公共品供给中的"囚徒困境"与市场失灵，公共品由政府供给更有效率。以马斯格雷夫（Musgrave，1939）和萨缪尔森（Samuelson，1954）为代表的早期公共经济学家对此进行了深入的理论研究，但不足的是，两位大师的研究对象仅局限于适合中央政府提供的全国性公共品，有鉴于此，蒂布特（Tiebout，1956）指出，在全国性公共品之外还存在诸如警察、消防、卫生和法院等庞大的地方性公共品，由于选民偏好的异质性，由具有信息优势的地方政府负责提供地方性公共品则是有效的，因此，需要中央和地方之间的财政分权。所以，财政分权最初就是和地方政府的良好作用联系在一起的。这种良好的作用是基于下述前提条件之上的（于长革，2008）：（1）地方政府的支出决算和预算由地方议会审批，无须向上级报批；（2）地方能够决定部分税种的税收和税率；（3）地方是公共财政支出的主体，中央财政影响较弱；（4）政府间财政支出责任范围明确，财权和事权基本统一。

中国式财政分权存在与西方财政分权截然不同的制度基础。西方国家的财政分权处于政治和经济双重分权的制度空间内，各级政府主要官员由辖区选民通过公共选择机制投票选出，并直接对选民而不是上级政府负责。与美国等典型的联邦制国家不同，中国是单一制的中央集权型国家，因此，市场经济体制下的中国财政分权处于政治集权和经济分权的制度空间内。所以，中西财政分权政治制度基础的差异对地方官员的行为产生了不同的影响。在中国式财政分权下，由于中央政府以经济增长绩效考核地方官员，地方官员为实现晋升的目标而努力发展经济，中央政府的意愿在地方层面得到了充分的贯彻和体现；而经济（财政）分权使地方政府拥有了经济发展的主导权和财政收支自主决策权，巩固和强化了地方政府独立的利益主体地位。因此，中央集权下的经济增长考核与经济分权下地方独立利益追求的耦合极大地调动了地方政府发展经济的热情，使地方政府既展开为晋升而竞争的"晋升锦标赛"，同时也进行了一场为收入最大化而竞争的"财政锦标赛"。

3. 中央主导的"自上而下"的强制性制度变迁

第一代财政分权理论的立论出发点是提高公共品供给效率。斯蒂格勒（Stigler，1957）认为地方政府比中央政府更接近公众，对民众的偏好具有信息优势。由于公众对公共品和服务的需求通常具有异质性，中央统一供给公共品的效率将低于地方政府。事权下放后意味着各级政府之间财政分配需要制度化，需要赋予地方相对独立的财政支出权利（Musgrave，1959）。由此可知，传统的财政分权思想是基于市场效率观点，划分地方与中央的公共服务范围与财政收支权责，而不是单纯地由权威机构决定安排。事实上，由于西方国家的联邦制政治体制给予地方较大的自治权利，中央政府无法成为财政分权改革的主角。

中国的情况恰恰相反。政治权利地位差异决定了中西方财政分权变迁方式的不同。按照主导力量的差异，制度变迁可分为自下而上的需求诱致型制度变迁和自上而下的强制性制度变迁，前者的主要特点是变迁的主导力量来自社会，以满足社会需要为核心；后者的主导力量来自于政府，其程序是自上而下的。中国式财政分权属于典型的强制性制度变迁。由于单一制的政治体制，地方政府缺少直接与中央政府对等谈判的基础，因此，从统收统支到分灶吃饭再到财政包干制及至当前的分税制财政管理体制，历次财政体制改革都是由中央政府主导。而地方政府则在既定的中央和地方财政体制内实现自身利益的最大化，责任主体地位的缺失导致地方政府往往采取有利于自己而不利于中央甚至是全国的自利行为，如过度和变相的税收优惠、地方保护，等等。

4. 地方政府"用手投票"与"用脚投票"双重约束机制的缺失

西方财政分权经典的"以足投票"理论表明，自由迁徙的选民愿意寻找那些财政支出与税收份额能够实现最佳匹配的财政社区，以实现自身效用的最大化，相反，如果某一社区的公共品供给和税收份额不能令选民满意，则选民便会以自由迁徙的形式继续寻找自己满意的辖区。因此，选民的自由流动可以激励财政分权下的地方政府提供令选民更加满意的公共品，从而形成最佳财政社区。然而，由于户籍制度的限制及其依附在户籍制度上的社会保障使中国无法形成西方式的"用脚投票"机制，"用脚投票"的缺失与民众需要的更多更好的公共品之间缺少内在联系。此外，单一制和联邦制制度基础的差异决定了中国的政府官员缺少"用手投票"的公共约束机制，因此，建立在集权制基础上的中国式财政分权使地方官员对辖区民众需求的重视程度相对较弱。"用手投票"和"用脚投票"双重约束机制缺失的直接结果是地方官员缺少对民众需要的回应性，财政分权的民主化程度受到抑制。

5. 中国式财政分权缺少应有的法治基础

政府间事权划分、收入安排与转移支付的种类和分配原则与标准一经确立便需要以法律的形式加以框定，使财税体制制度化、法制化，确保财税体制的稳定性、约束性、法制性与可预期性，提高财税体制的法治化水平，避免财税体制运行中出现的混乱，杜绝各级政府在财税体制安排中的机会主义行为和倾向，最终实现政府间财政关系的健康、有序运行。

考察世界各国政府间财政关系的法律规范制度，大多数国家都制定了明确的有关各级政府财政关系的法律规范。从形式法治来看，大多数国家都制定了明确的有关财政分权的法律规范，从宪法层面到一般性法律、法规的完备的法律体系，从而保障各级政府有效地履行各自职责，如美国宪法和德国的《基本法》均在宪法层面对中央和地方关系给出了基本界定，而日本《财政法》、《地方财政法》、《地方转移支付法》等则在一般法律层面对中央和地方财政关系进行具体安排。由于我国缺少基本的财税法律法规，仅有的《预算法》尚存在诸多缺陷，财政分权形式的法治之路尚需时日。从实质法治来看，从"统收统支"到财政包干制，再到分税制，历次财税体制改革与调整都是由国务院主导的，均是通过行政手段完成的。此外，行政管理体制的隶属关系导致政府间财政关系紊乱，缺少对各级政府的有效约束，从而滋生了机会主义行为。

3.1.2 地方政府的增长型激励机制

1. 政治晋升激励

1978 年我国实行了以改革开放为标志的市场化改革，在行政放权的同时进行了以"财政包干制"为代表的财政分权化改革，给予地方政府充分的权利以调动各级政府经济发展积极性。在政治合法性体现为经济发展绩效的情况下，中央政府将经济增长作为政治考核标准，使经济增长成为各级政府的增长共识和工作重心，进而展开了一场为增长而竞争的"政治晋升锦标赛"，从而推动中国经济高速增长。布兰查德等（2001）通过比较分析，认为财政分权下中国的政治集权是中国取得比俄罗斯更好经济绩效的原因。此外，周黎安（2007；2008）认为，"行政逐级发包"与"政治晋升锦标赛"是理解地方政府激励与经济增长的关键线索之一，在中央政府GDP相对绩效考核下，地方官员之间围绕GDP增长而展开激烈的竞争，从而推动中国经济高速增长。然而，由于政治晋升是一场"零和博弈"，因此，对于那些无力竞争而自愿退出的参与者而言，"政治晋升锦标赛"理论是否也适用呢？对此，何晓星（2005）从科斯等的企业理论出发，把地方政府看作同企业相同的利益集团，认为地方政府可以通过个人控制权的横向扩张——地方资源、经济、社会规模——来实现"自我晋升"，因此，与国家政治经济利益的契合强化了地方政府通过横向扩张来促进经济增长，弥补因未能政治晋升失去的政治利益。

2. 财政收入激励

行政放权与财政分权使地方政府具备了资源配置、人事安排、财政支出、财政收入上的自主权和决策权，地方政府也从计划体制下的中央附属演化为市场化改革下的独立利益主体，特别是财政收入自主权是地方政府经济利益的体现和独立利益主体的经济基础，从而激励地方政府将收入与支出挂钩，为实现经济增长和财政收入最大化而服务，可见，有效的财政激励为地方政府狂热发展经济奠定了坚实的经济动机基础。在实证研究中，温加斯特等（2005）基于1982～1992年省级面板数据的实证研究进一步验证了分税制改革之前中国省级政府的财政激励促进了市场发展，说明有效的财政激励能够使地方政府将其收入与支出挂钩，从而使地方政府更有积极性促进本辖区的经济发展。博勇（2008）的研究揭示了，虽然分税制改革使财权向中央政府集中，但地方政府仍然获得了一定的收入筹集权力，且中央以转移支付的形式保证了地方政府对分税制改革的支持与对经济增长收入的分享，中国分权体制下的财政激励继续激励地方政府追求经济增长。

3. 官员私人激励

由于相关约束机制的缺位和监管不力，财政分权在使地方政府拥有辖区经济发展主导权的同时，也使得官员个人利益与地方经济发展的总体利益密切联系在一起，经济发展的同时官员个人也可以获得较高的工资收入和其他非正规收入。

施莱弗等（1993）认为，政府分权会增加对贿赂的需求。这一思想被埃利希等（Ehrlichet al.，1999）、伯科威茨等（Berkowitz et al.，2000）正式化了。施端宁（2003）研究了温州模式成功的经验，认为在行政性分权的改革背景下，地方政府可支配的财力来源和经济利益很大程度上来源于本地区的经济发展水平，而中央、省级政府也往往根据地方政府发展经济的政绩来考核评价官员的优劣，决定职务升迁，官员个人利益与地方经济发展的总体利益有着密切的联系。这种权力/利益机制激励了温州地方政府与本地居民、企业合谋，形成利益共同体。[①] 吴国光（2004）认为，中国的经济改革的实质就是在行政分权的框架下引入市场机制，这是 20 多年来保持高速经济增长、实现经济繁荣稳定的制度基础，但这种改革路径也产生了严重的官员腐败现象。[②] 吴一平（2008）认为在制度供给失衡的情况下，尤其是对像中国这样的转轨经济而言，财政分权对长期经济发展是不利的，会产生诸如腐败等问题，他运用中国省级面板数据检验了财政分权与腐败之间的关系，证明了财政分权恶化了腐败。

由于财政分权框架下地方政府的政治激励与财政激励均源自中央政府的制度安排，表现为外部激励，而地方政府官员个人的收入

---

① 施瑞宁. 温州模式：转型时期的制度创新 [J]. 社会科学战线，2003（2）.
② 吴国光. "县政中国" ——从分权到民主化的改革 [J]. 当代中国研究，2004（1）.

和福利则表现为内在激励（个人收入与部门消费），因其使地方政府具有强劲的经济增长动力，为便于后文分析，本书将其统一命名为增长型激励。

3.2 中国式财政分权下地方政府行为变异分析

3.2.1 财政分权、自利动机与地方政府行为变异

1. 关于地方政府的假定

关于个体经济理性问题，可以有以下几种解释：一是自利，即追求自身而不是别人的利益；二是既定成本收益比较基础上的收益或效用最大化，这是马歇尔之后经济学数学化分析的基本工具；三是期望效用最大化，这是著名的冯·诺依曼（Von Neumann）博弈论中的基本假定；四是最省原则，这一理解包含在西蒙有限理性思想中，也包含在非线性和演化经济学所假定的演进理性的含义中（姚振宇，2008）。

传统经济学通常将"经济人"理解为一种工具主义意义上的理性者，他们具有有序偏好、完备信息和无懈可击的计算能力，会选择最能满足自己偏好的行为，而"理性行为"则一般被解释成行为主体的内在一致性和追求自身利益最大化（伊特韦尔、米尔盖特、纽曼，1996）。而与传统经济学不同的是，有限理性则认为，选择行为是在有限理性思考下作出的，一般受到认知、环境和信息不确定的约束，赫伯特·西蒙（Simon，1982）最早将有限理性概念引入经济学，并建立了有关过程理性假设的各种模型。他认为，人们只能在决策过程中寻求满意解而难以寻求最优解，"行为主体打算做到理性，但现实中却只能有限度地实现理性"。威廉姆森（O. E. Williamson，1975）接受了西蒙的有限理性学说。他曾从纯

学理和现实契约协议两方面对有限理性进行了分析，指出经济协约
人在接收、存储、检索、处理信息以及语言运用等方面的认知能力
不足会影响人的抉择，协约人在签订和执行契约时会产生机会主
义，在资产专用性制约下，协约过程会呈现出计划、承诺、竞争、
治理四种制度安排模型。

　　根据上述理论，本书假定地方政府是具有有限理性的经济人，
其理性行为既受到自身认知、预期的约束，又受到外界环境和不确
定信息的影响，并具有机会主义倾向，从而最大程度地满足自身的
效用最大化。根据本书的研究需要，有限理性的地方政府自利追求
及其实现路径如图 3 – 1 所示。

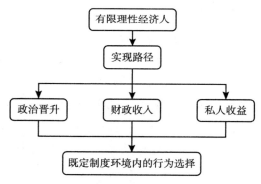

图 3 – 1　有限理性的地方政府及其行为选择

2. 地方政府行为的变异

　　与第一代财政分权理论"仁慈型政府"假定不同，第二代财政
分权理论从新政治经济学的角度出发更加关注地方官员在维护市
场、促进竞争与推动经济增长中的激励和行为，因此，与传统的
财政分权最初就是和地方政府的良好作用联系在一起的观点不
同，新一代财政分权理论更注重对地方官员激励的研究。诚如伯
德（Bird，1993）和温加斯特（2006）所言，尽管财政分权下地
方政府决策方式有点类似于市场化，然而地方政府并不会天然地

对辖区选民的需求做出反应，而是有自身的利益考虑。只有当政府间的财政安排提供正确激励时，"靠近民众"的地方政府才能够更有效地提供公共服务。因为，财政分权对于地方政府而言意味着很多。如果把地方政府看成是一个独立的利益主体并有其自身的追求目标而不仅仅是中央政府的政策执行工具的话，那么，财政分权就意味着地方政府获得了追求自身利益和目标的手段，财政分权的程度也就意味着地方政府对这些手段可利用的限度和目标的实现程度。这里的手段表现为分权框架下地方政府支出安排的自主权与财政收入的剩余控制权。所以，具有自利倾向的地方政府就会利用财政分权所赋予的独立收支权限谋取私利，从而偏离公共需求，导致行为变异。

由图 3-1 可知，作为理性人的地方官员其行为表现在以下三个方面：一是谋求政治晋升；二是实现本地财政收入最大化；三是实现私人收益最大化，即官员个人利益与地方经济发展的总体利益密切联系在一起，经济发展的同时官员个人也可以获得较高的工资收入和非法的腐败收入。因此，获得政治晋升、取得财政收入以及实现私人收益的最大化是地方政府的理性追求，而既定的制度环境为地方政府的这种理性行为创造了外部条件。由于我国尚处于市场经济的后转轨时期，法律制度及其相关约束机制尚不健全，为地方政府展开自利性的行为提供了外部条件，并导致地方政府行为变异。

3.2.2 博弈竞争与地方政府行为变异加剧

1. 地方政府间横向博弈行为分析

为促进经济增长，在政治上中央政府以经济增长为指标考核地方官员的政绩并决定地方官员的升迁与否，而晋升机会是有限的，却存在众多的地方政府，即博弈是零和的，因此，地方政府会展开政治晋升博弈；此外，经济增长会带来辖区财政收入以及个人合法与非合法的收入,[①] 又因经济增长主要依靠投资拉动,所以,资本的流动性决定了地方政府间亦会展开资本竞争博弈。因此,出于资源的有限性以及对经济发展所需要的各种资源的迫切需要,地方政府之间在增长型激励下的竞争博弈必然会带来各种矛盾与冲突,亦即资源有限下的利益分配问题。

假定存在 A、B 两个地方政府,中央政府意识到城乡收入差距问题的严重性,因此,要求地方政府安排用于调节城乡收入差距的财政支出,但地方政府在增长型激励下会执行中央政府的政策吗?以教育支出为例,由于教育支出对经济增长的拉动作用短期内是不明显的,与基础设施建设支出相比,[②] 后者能够带来更快、更明显的 GDP 增加,因此,理性的地方政府在短期内的理性选择就是不执行或变通执行中央的城乡收入差距调节政策。

如图 3－2 所示,若 G_A 先行决策,它有两种选择,即执行与不执行,当 A 选择执行中央政府的政策并安排财政支出调节城乡收入

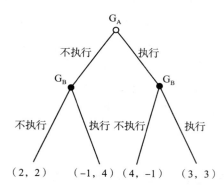

图 3－2　地方政府之间的横向博弈选择

①　施莱弗和维什尼（1993）认为,政府分权会增加对贿赂的需求。吴国光（2004）认为,中国的经济改革的实质就是在行政分权的框架下引入市场机制。这是二十多年来保持高速经济增长、实现经济繁荣稳定的制度基础。但这种改革路径也产生了严重的问题,首先是官员腐败现象的严重恶化。近年来查处的官员腐败案件中,几乎都与地方政府的土地批租有关联。
②　地方政府横向博弈选择有以下三个方面:（1）财政支出结构偏向,表现为重视基础设施建设以及地区间的重复建设;（2）优惠政策的过度供给;（3）选择性的制度创新（汪伟全,2007）。为便于分析,本文只考察地方政府间的支出博弈。

差距时，B 亦有两种选择，即执行与不执行，当 B 执行时的收益为（3，3），不执行时的收益为（4，−1）。

由于缺少必要的事前和事后的监督问责机制，B 的理性选择就是不执行，此时 B 获得的收益为 4，两种选择的收益比较是 4＞3。若 A 不执行中央政策的话，B 的选择也是不执行，此时，（不执行，不执行）是双方的纳什均衡，其收益为（2，2），相比较于社会最优的（执行，执行）时的收益（3，3）而言，囚徒困境问题产生（见图 3−3）。

地方政府A

		执行	不执行
地方政府B	执行	（3，3）	（−1，4）
	不执行	（4，−1）	（2，2）

图 3−3　地方政府之间的收益矩阵

2. 地方政府纵向博弈行为分析

（1）序贯博弈分析。根据理性人假定，如果中央政府出台的关于调节城乡收入差距的政策措施符合地方政府的利益，那么，地方政府的最佳选择就是执行中央政策，此时的社会效果是最佳的。然而，本书重点需要讨论的是，当中央政府政策的出台对地方政府的利益形成冲突之时，中央与地方是如何进行府际博弈的。在这一过程中，中央政府首先出台调节城乡收入差距的政策，之后地方政府选择执行抑或不执行，而中央政府则在地方政府选择的基础上决定对地方政府是否奖惩。由于行动是先后有序的，因此，此时的博弈属于序贯博弈。

如图 3−4 所示，面对中央政府的政策要求，地方政府可以选择执行或不执行。若地方政府执行且中央政府不施以惩罚的话，此时的支付矩阵为（−1，3）。若地方政府不执行，那么，中央政府就会选择惩罚或不惩罚，进一步地，如果中央政府选择惩罚地方政府的话，就会付出一定的组织成本，令其支付为 −3，而地方政府在不执行中央的政策后辖区经济增长带来了政治资本、财政收益以及个人利益的增加，但其亦因未执行中央政策而承受了一定的惩罚，二者比较之后地方政府的收益为2，因此，地方不执行、中央惩罚使得支付矩阵为（2，-3）。若地方政府不执行时中央选择不惩罚，则中央减少了惩罚地方政府的组织成本，其损失由-3降为-2，而地方的收益为4，即地方不执行、中央不惩罚时的支付矩阵为（4，-2），该支付矩阵对于地方政府而言收益最大，即不执行中央的调节城乡收入差距的政策是地方政府的占优策略，而中央政府由于惩罚地方政府要付出-3的组织成本，而不惩罚则只损失-2，因此，中央政府的占优策略是不惩罚，此时的博弈均衡是（地方不执行、中央不惩罚）。该结论具有较强的现实解释力。例如，中央政府历年的宏观调控或者房地产调控政策，地方政府要么选择不执行，要么变通、歪曲执行，中央政府鞭长莫及，无可奈何，最后的结果就是不了了之。

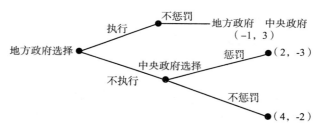

图3-4 中央与地方府际序贯博弈分析

（2）鲁宾斯坦讨价还价博弈。由于实际政策操作和执行过程中中央与地方政府的博弈并不是一次性的，而是一个相互讨价还价的多次重复博弈过程，因此，本书引入鲁宾斯坦讨价还价模型来进一步说明中央与地方的博弈过程（张维迎，2004）。

鲁宾斯坦把讨价还价过程视为合作博弈的过程，他以两个参与人分割一块蛋糕为例，使这一过程模型化。在这个模型里，两个参与人分割一块蛋糕，参与人1先出价，参与人2可以选择接受或拒绝。如果参与人2接受，则博弈结束，蛋糕按参与人1的方案分配；如果参与人2拒绝，他将还价，参与人1可以接受或拒绝；如果参与人 1 接受，博弈结束，蛋糕按参与人 2 的方案分配；如果参与人 1 拒绝，他再出价；如此一直下去，直到一个参与人的出价被另一个参与人接受为止。因此，这属于一个无限期完美信息博弈，参与人 1 在时期 1，3，5，…出价，参与人 2 在时期 2，4，6，…出价。

根据上述模型，令参与人 1 为中央政府，参与人 2 为地方政府，并用 X 表示中央政府所得的份额，（1 − X）为地方政府所得的份额，X_i 和（1 − X_i）分别是时期 i 时中央政府和地方政府各自所得的份额。假定两个参与人的贴现因子分别是 ρ_1 和 ρ_2。这样，如果博弈在时期 t 结束，中央政府支付的贴现值是 $B_1 = \rho_1^{t-1} X_t$，地方政府支付的贴现值是 $B_2 = \rho_2^{t-1}(1 − X_t)$。双方在经过无限期博弈后，可能得到的纳什均衡解为：

$$X' = \frac{1 - \rho_2}{1 - \rho_1 \rho_2}$$

如果该模型中的博弈次数超过三次的话，那么，上述博弈过程可以由图 3 − 5 进一步描述。

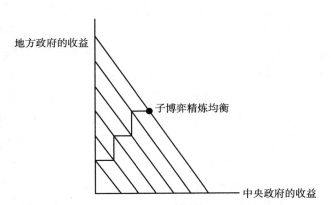

图 3 − 5　多重博弈下的鲁宾斯坦讨价还价模型

其中，纵轴代表地方政府的收益，横轴代表中央政府的收益，向上倾斜的曲线代表每一轮博弈的收益模式，图中实心黑色圆点表示子博弈精炼均衡，此时的中央与地方政府各自获得了相应的收益。从该均衡可知，当中央和地方各自的利益发生冲突时，为规避因政策失败而造成的利益受损甚至是一无所获的局面，中央和地方政府在政策执行过程中应作出妥协与让步。具体而言，中央政府应该不断调整其政策目标，使其更加适合实际情况，在一定程度上照顾地方政府的利益。与此同时，地方政府亦应在重视辖区经济利益的同时关注国家利益，调和长期利益和短期利益，最终实现双赢。

上述横向与纵向博弈分析说明，财政分权在使地方政府具有独立经济利益主体地位的同时，如何协调中央与地方的利益关系进而规范地方政府的行为取向对于调节城乡收入差距而言具有重要影响。

3. 地方政府、企业与居民的博弈行为分析

上述博弈分析只涉及了地方政府的横向与纵向博弈，却没有考虑到市场微观主体——企业与居民在内，为此，本部分将从政府（包括中央和地方政府）、企业与居民三者之间的关系入手分析地方政府行为对城乡居民收入分配的影响。

皮科克（Alan Peacock，1992）把公共选择理论的研究分为三个大的政治市场：初级政治市场、政策供给市场和政策执行市场。在初级政治市场上，政治家把政策"卖"给选民，选民则为政治家支付选票，这个市场上的供求分析构成公共选择理论的基本原理，包括分析各种不同的投票制度的结果等；在政策供给市场上，官员为了实现当选政府的政策目标将提供不同的行政手段，对这些手段的供求分析构成官员经济理论、政府增长理论和政府失灵理论等；在政策执行市场上，主要分析政策执行结果及其影响，如纳税人、领取福利的人、获得行业补贴的人等。在政府、企业与居民多方博弈的过程中地方政府行为涉及上述三种不同的政治市场。

在美国等西方民主选举的国家中，政府官员能否当选取决于选民的选票，因此，为实现当选的政治诉求，政府官员会使用各种政策工具向选民示好，提供令其满意的政策组合。然而，当分析中国的官员与民众关系时，人民代表大会对本级政府有效的监督和制约职能尚有待于进一步加强，往往上级党委和政府对下级党委和政府

的影响更直接。参照公共选择理论中的利益"铁三角"，即利益集团、立法者联盟和行政组织，图 3－6 构建了一个地方政府在初级政治市场中的"铁三角"关系逻辑图。

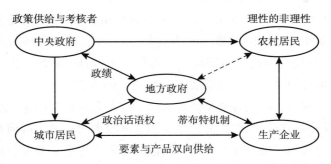

图 3－6　地方政府、企业与城市居民的利益"铁三角"

按照中国目前的官员任用考核体制，上级政府的满意无异于西方政治家眼中的选民选票，地方官员为实现晋升自然就会关注上级政府的偏好。有研究显示，从中央组织部到地方基层政府，GDP、财政收入增长与招商引资在干部考核中权重比较大，上级关注度较高。[①] 而财政收入和私人收益的最大化与经济增长是相容的，因此，为实现经济快速增长以向上级政府显示政绩和获取经济收益，特别是在短期的官员任期内要想创造优于前任和更快的经济增长速度，地方官员的最佳选择就是经营城市而不是农村，特别是开发土地、经营房地产，既能获得大量的财税收入，[②] 又能快速增加 GDP。

---

　　① 《党政领导干部选拔任用工作条例》（2002）和体现科学发展观要求的《地方党政领导班子和领导干部综合考核评价试行办法》（2006）是中国政治晋升体制实施的指导性文件。《条例》规定了"全面考察德、能、勤、绩、廉，注重工作实绩"。《办法》中虽然规定了包括民主推荐、民主测评、民意调查、实绩分析、个别谈话和综合评价在内的多种评价方法，然而实际考核工作中，对实绩指标的考核往往才是最关键的，中央政府主要通过考察下级政府的经济发展绩效（主要体现为 GDP 与财政收入增长）来晋升地方官员。

　　② 例如近年来非常突出的土地财政问题，在房地产开发过程中，除了土地批租获得的差价收入之外，地方政府收取的有关房地产开发的税费，诸如蓝图审查费、防雷检验费、绿化费、墙改费、人防费等，高达 50 余项。房地产税费已经占到了地方政府财政收入的 30%～50%。房价越高，地方政府得益越多，如果房价 1 平方米 1 万元，地方政府基本上能够拿到 50%。这就是所谓的"土地财政"。

如图 3 – 6 所示，地方政府、企业与居民三方涉及三重关系。首先，地方政府与企业的关系。由于资本的有限性和流动性，地方政府会通过各种形式的优惠政策和更加具有倾向性的财政支出[①]招商引资，实行"企业偏向型"政策，为企业提供增长支持，而辖区企业提供的更多的就业岗位、更多的财税贡献和 GDP 则是对地方政府提供增长支持的回报。靳涛（2003）的微观"突破"和宏观"选择"证明地方政府与辖区企业合作的重要性。其次，地方政府与城市居民的关系。根据蔡昉等（2000）的研究，相比于农村和农民而言，城市人口拥有更多的政治代表，在政府政策制定上拥有更大的政治话语权，因此，为获取政治支持最大化，地方政府有着内在的倾向去制定更符合城市人口利益的政策，导致公共品供给和财政支出"城市偏向"；最后，城市居民与企业的关系。城市居民生存需要收入和产品，而企业发展需要人力资本，因此，对于城市居民而言，更多的企业代表更多的就业机会、更高的收入水平和更多的产品消费。所以，地方政府实行企业偏向型财政政策符合城市居民的利益要求。由此，出于内在利益的一致性，地方政府、企业（资本）与城市居民在经济增长过程中形成了"利益铁三角"，导致政府财政政策的双重偏向，而任意二者之间的双向亲和更是进一步强化了这种财政政策取向。[②] 由于企业主要位于基础设施和发展环境较好的城市，因此，双重偏向的财政政策集中体现的就是城市偏向型的财政政策。

在企业和城市成为经济增长主体和主要区域的情况下，为了获

---

① 如 2012 年的韩国三星电子一期投资 70 亿美元的存储芯片项目正式落户西安高新区案例中，西安政府的巨额财政补贴和"十免十减"的税收优惠让人对外资争夺的惨烈程度可见一斑。

② 地方政府与企业的利益亲和又可以进一步细分为地方政府与生产性企业和银行的利益结盟关系。分税制改革后，财权大多集中于中央政府，地方不能发行债券，地方经济建设资金主要源于银行贷款、土地出让金及本地企业税收，于是，地方政府与银行、企业结盟也就成了一种必然选择。商业银行与地方政府的利益取向高度一致，因为银行选择与地方政府结盟是"双赢"的，更何况地方政府为企业提供的各种隐形担保已经成了商业银行最可靠的利益"保护伞"。在高投资回报率、低利率甚至负实际利率的诱惑下，企业表现出强烈的投资冲动。在地方政府投资扩张冲动也非常强烈时，企业很容易与地方政府结盟。由于内在利益的一致性使地方政府、生产企业和银行结成"利益铁三角"中的"超级铁三角"。

取潜在的制度利润，地方政府有带领本辖区内企业进行制度创新的内在冲动，因为潜在的制度利润很可能成为地方政府政绩显示的一部分，所以，地方政府成为"中间扩散性制度变迁"的主角（杨瑞龙，1998、2000）。在此过程中，地方政府代表辖区企业成为旨在获取潜在利润的而主动创新并制订行动方案的"第一行动集团"，而其上级政府则扮演实行奖惩机制的"第二行动集团"。

这种三方博弈的结果是，处于博弈弱势的农村及农村居民的公共品享有远远低于城市居民，从而造成城乡收入差距。尽管中央政府出于社会福利最大化的考虑出台各种惠农政策，由于农民缺少对政府直接有效的偏好显示和制约机制，地方政府主导型经济增长下的"三方亲和"与"利益铁三角"的结果是，政治上失语、经济上无力的农村和农民处于经济发展中被漠视的边缘，从而产生城乡收入差距。一方面，由于教育回报率的不断提高，高度偏向城市的政府教育支出的必然结果就是由教育产生的收入分配也一定是偏向城市的，从而造成城乡居民初次分配差距的扩大；另一方面，具有再分配性质的政府社会保障支出的城市偏向扩大了城乡居民二次分配差距，从而导致城乡收入差距的进一步拉大。加之农民缺少政治代言人和政治话语权，特别是单个农民的"理性无知"造成整个农民群体的集体行动困境，[①] 从而更进一步强化了地方政府城市偏向型政策与利益博弈失衡的困局。

此外，城乡间的公共品税费制度更是进一步扩大了公共品享有的城乡差距，即在城市，公共品生产成本由政府用税收支付，城市居民免费或低价享用；在农村，则主要靠农民或农村自治组织自我负担公共品生产成本，即使是农村居民生产生活所必需的各种基本

---

① 在公共选择理论中，理性选民"都是用一只眼睛盯着收益，用另一只眼睛盯着成本，能够精确地权衡二者"。人们会按他们自己的方式评估政治行为的边际收益和边际成本，然后采取适当的行动。当人们知道投票与结果之间毫无联系而且收集信息可能需要付出巨大成本时，选民就会选择不去了解相关信息，因此，在投票和政策决策中缺乏积极性而成为一个"理性的无知者"。本书中的理性无知是指，即使农民存在矫正地方政府城市偏向型财政政策的强烈愿望，但出于单个农民的力量薄弱从而无法改变现状的预期，而且，可能遭遇的不良后果（如打击报复）也会抑制农民对自己正当权益的争取，最后，便是农民的集体行动困境。

公共品，地方政府长期供给不足，从而造成城乡居民之间截然不同的公共品成本收益分享制度（卢洪友，2010）。这种城乡间公共品供给差距不改变，城乡收入差距不但不会缩小，亦将会进一步扩大（见图3-7）。

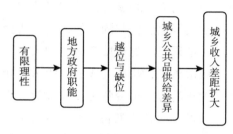

图3-7　地方政府政策执行及城乡收入差距

3.3　中国式财政分权、地方政府行为变异对城乡收入差距的影响

根据经典分权理论（classical fiscal decentralization，又译传统财政分权），财政分权包括支出分权、收入分权与政府间转移支付三部分，由于具有信息优势，地方政府在公共品供给上可以综合运用上述分权组合做出更加贴近选民偏好和符合帕累托效率的决策，因此，财政分权可以更好地满足选民需要，提高社会福利水平。然而，在中国式财政分权的制度框架下，由于地方政府的增长型激励机制使其有着内在的倾向去制定更符合城市人口利益和城市经济发展的政策，导致地方政府公共品供给偏向城市而忽视农村，从而扩大了城乡收入差距。

3.3.1　财政支出分权、地方行为变异与城乡收入差距

从支出分权来看，财政分权可以通过优化公共支出结构和规模

减缓城乡收入差距。首先，地方政府可以通过增加现金转移支付直接增加农村居民的收入水平；其次，地方政府可以制定向农村倾斜的支出计划，从而即使没有转移支付也有助于增加农村居民的收入水平，例如教育、医疗等支出项目，在减轻农村居民支出负担的同时提高农村居民参与经济发展和就业的机会。

与规范分析不同，中国式财政分权赋予了地方政府财政支出安排的预算自主权，然而在增长型激励机制下，地方政府却将更多的财政支出用于满足经济增长而不是调节城乡收入差距。首先，地方政府通过经济建设支出直接增加 GDP，如扩大基础设施建设等，用"自己的资本"促进经济增长；其次，通过投资环境改造和制度创新间接促进经济增长。以招商引资为例，由于资本相对稀缺，地方政府会展开恶性财税竞争，通过税式支出以及各种倾斜性的政策支持等手段吸引更多资本进入辖区，扩大投资规模，用"外人的资本"加速经济增长。因此，地方政府的财政支出结构偏向，公共品供给"软硬失衡"，即地方政府偏爱以基础设施为代表的经济性支出，而教育、医疗、社会保障等社会性支出偏低。同时，在中国当前的制度框架下，城市人口拥有更多的政治代表，在政府政策制定上拥有更大的话语权（蔡昉和杨涛，2000）。因此，地方政府有着内在的倾向去制定更符合城市人口利益的政策（陶然和刘明兴，2007），所以，诸如教育、医疗和社会保障等城市偏向型公共品供给对城乡收入分配产生了不利影响。

3.3.2 财政收入分权、地方行为变异与城乡收入差距

从收入分权来看，财政分权可以通过合理的收入分配对地方政府实施调节城乡收入差距政策提供正向激励。具体而言，通过自身融资的支出份额越大，地方政府将对辖区民众更加负责。首先，分权之后的地方政府能够更加公平地确定辖区内城乡之间的公共品供给成本负担，减轻农村居民的公共品成本负担；其次，通过实行更

低税率或更多税收优惠促进城乡均衡协调发展，进而促进农村经济发展，提高农村居民收入水平；最后，通过不同的税收制度累进性可以改变城乡居民可支配收入的分配状况。

在中国式财政分权背景下，由于地方政府税收收入主要源于以增值税、营业税和企业所得税为代表的工商性税收，这些收入主要来源于城市中的二、三产业，因此，为获取更多的财政收入，地方政府必须加大力度发展城市的第二、第三产业。此外，在"城镇化"和"经营城市"的驱动下，地方政府近年来热衷于"卖地生财"，大搞房地产开发，依靠土地增加财政收入。数据显示，地方政府性基金收入（主要是土地出让金）2001年为1296.0亿元，占地方财政收入的比重为20.2%，2012年数字分别为34203.6亿元和56%，规模扩大近30倍，预算外收入对地方财政的重要性日益增加。靳涛和陈雯（2009）认为，[①] 在目前财政分权的体制下，地方政府大都把土地收益作为补充地方财政的有效途径，现在地方政府通过较低的价格从农民那里征用到土地，然后通过招标、拍卖等方式以高价获得土地收入，但这部分土地收益却很少能用到改善农民的福利和生活条件中，而是大多用到了城市基础设施建设和改善城镇居民的各种福利上面，这实际上也必然会进一步加大城乡之间的收入差距。

同时，官员个人的灰色收入亦会随着财政分权与经济增长水平水涨船高。近年来，伴随着经济快速发展，对土地的需求日益增加，由于土地产权制度虚无和监督制约机制缺位，官员土地腐败案件亦逐年上升，官员贪腐的数额也越来越大。此外，因土地征用与房屋拆迁造成的城乡收入差距亦在不断扩大。

3.3.3　政府间转移支付对城乡收入差距的影响

经典分权理论认为，政府间转移支付有助于实现政府间财力均

---

① 靳涛，陈雯."转型式特征"对中国收入差距影响的实证研究［J］.经济学动态，2009（8）.

衡以及协调地区发展并缩小地区间的财政差距。然而，由于我国的政府间转移支付制度设计不合理、不规范，对城乡发展和收入差距的调节作用有限。首先，政府间转移支付加剧了地区间差距，具有"马太效应"。马栓友和于红霞（2003）、江新昶（2007）发现越是富裕地区获得的转移支付反而越多，转移支付没有缩小地区差距，即具有"马太效应"，导致贫困地区缺乏调节城乡收入差距的财力保障。其次，当前不完善的转移支付进一步强化了城乡收入差距。对于地方政府而言，中央财政转移支付是另一个重要的财政收入激励。转移支付占地方财政支出的比重由 1993 年的近 20% 上升到 2012 年的 42.3%，占地方财政收入的比重平均在 85% 上下，接近了地方政府的财政收入规模。地方政府获得的"税收返还"由 2008 年的 4282.2 亿元增加到 2012 年的 5188.6 亿元,[①] 增加了 21.2%，因"税收返还"代表的是以增值税、消费税为主的边际增收激励，地方政府促进经济增长的同时，不仅可以获得按体制规定的财政收入，而且还能从中央获得一份额外的增长奖励，进一步激励了地方政府对经济发展的热情。有鉴于此，刘穷志（2007）认为政府间转移支付不仅没能让穷人脱离贫困，反而使穷人深陷贫困之中。

可见，无论从财政分权的哪一端（支出、收入与转移支付）来看，中国目前的财政分权都会激励地方政府努力促进经济增长，大搞投资开发和城市偏向型的政策安排，忽视农村的公共品供给，其结果必然是城乡收入差距的持续偏大。

3.3.4　本书研究视角与逻辑思路

为更加详尽地说明财政分权对城乡收入差距的影响，本书从支出分权角度分析地方政府教育支出偏向城市对城乡收入差距的影响，其原因有二。首先，根据卢卡斯（Lucas，1988）的内生增长

---

① 数据来源：《中国财政年鉴（2013）》、财政部网站。

理论，由于城市是财富和资本集中地，具有更好的基础设施和服务体系，对于经济增长而言具有更大的带动效应。因为人力资本可以抵消物质资本积累中产生的边际生产力递减并维持经济长期持续增长，所以，城市人力资本的增加会带动城市经济更快速增长。本书第6章的格兰杰因果检验结果证明，城乡人力资本经济增长贡献的差异是地方政府教育支出偏向城市的根本原因。因此，地方政府教育支出主要表现为为城市经济发展服务，加之城市具有比农村更多的政治代表，导致政府教育支出偏向城市而忽视农村，造成城乡人力资本投资与收入分配的巨大差异。

其次，虽然中国式财政分权下地方政府面临着政治晋升激励、财政收入激励和私人收益激励，但这三种激励的实现却内生于经济增长过程中，因此，无论哪一种激励都会导致地方政府将收益与支出挂钩，从而导致政府教育支出偏向于具有更大产出创造功能的城市和城市居民，而忽视经济增长贡献较小的农村和农村居民，导致教育支出偏向城市。所以，财政分权并没有改善城乡收入差距。本书第6章的计量与关联检验证明，财政分权不是缩小而是扩大了城乡收入差距，对缩小城乡收入差距没有起到明显作用。

基于上述分析，本书构建了一个从制度层面解释中国式财政分权、增长型激励与城乡收入差距的逻辑框架（见图3-8）。根据明赛尔（1958）、贝克尔（1960）等现代人力资本理论的观点，教育支出直接影响劳动者的人力资本和收入水平，由于政府人力资本支出与私人人力资本支出之间具有互补性，地方政府人力资本支出偏向城市的直接结果就是农村居民特别是农村中低收入群体的收入能力下降，从而降低其要素生产率和收入水平，导致城乡收入差距扩大。[①] 根据本书的统计分解数据（见第5章），教育人力资本差异是城乡收入差距最重要的因素，因此，地方政府教育支出偏向城市造成城乡收入差距的扩大。而收入差距过大的直接结果就是农村居

---

① 收入差距与人力资本投资互为因果，相互影响，且具有代际传递性，所以，初次分配收入差距会制约中低收入者及其子女的人力资本投资水平，进一步拉大收入分配市场起点上的差距，导致"贫困陷阱"。

民消费倾向下降与消费支出不足，因此，为尽快摆脱外部冲击造成的经济危机，地方政府不得不重复启用投资手段扩张经济，并利用出口退税等手段刺激过剩产能的出口，手段依旧是企业偏向与城市偏向型的财税政策，从而使中国的城乡收入差距陷入僵化陷阱，处于循环累积状态。

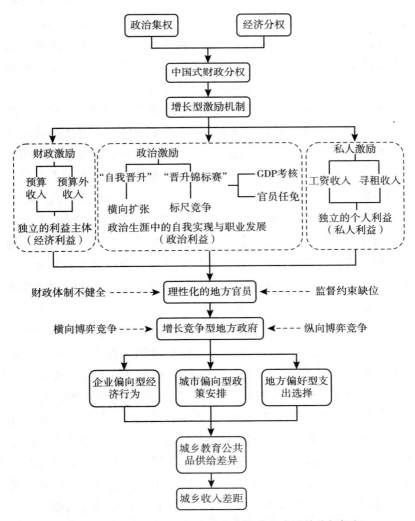

图 3－8　中国式财政分权下城乡收入差距成因的分析框架

3.4 本章小结

  本章的主要工作在于构建了中国式财政分权对城乡收入差距的影响机制框架。由于中国式财政分权下地方政府受到的政治晋升激励、财政收入激励和个人收益激励三重激励，在缺少有效的监督制约机制的情况下，这种增长型激励机制导致地方政府对经济增长的过度偏爱，而忽视城乡收入差距问题的解决，表现在公共品供给和财政支出上就是严重的城市偏向。具体而言，增长型激励机制导致地方政府横向和纵向博弈竞争，竞争的结果是地方政府竞相追逐经济增长，由于城市是财富、资本、要素等的集中地，完善的基础设施使城市具有天然的经济发展优势，致使地方政府实施城市偏向型经济政策，财政支出过度偏向城市而忽视农村，导致农村人力资本和经济发展水平远远落后于城市，使城乡收入差距不断扩大。而从地方政府博弈策略选择上来看，由于经济增长主要依靠企业和资本，城市人口拥有更多的政治代表，在政府政策制定上拥有更大的话语权，使得地方政府在促进经济增长的过程中将更多的财力用于服务企业和城市，而忽视了农村居民，致使城市偏向型政策和城乡收入差距存在"自我强化"的趋势。

  关于财政分权对城乡收入差距的影响问题，主要表现在三个方面：

  一是财政支出分权对城乡收入差距的影响。理论分析认为，财政分权可以通过优化公共支出结构和规模减缓城乡收入差距。首先，地方政府可以通过增加现金转移支付直接增加农村居民的收入水平；其次，地方政府可以制定向农村倾斜的支出计划，从而即使没有转移支付也有助于增加农村居民的收入水平，例如教育、医疗等支出项目，在减轻农村居民支出负担的同时提高农村居民参与经济发展和就业的机会。与规范分析不同，中国式财政分权赋予了地方政府财政支出安排的预算自主权，然而在增长型激励机制下，地方政府却将更多的财政支出用于满足经济增长而不是调节城乡收入差距。

二是财政收入分权对城乡收入差距的影响。从收入分权来看，财政分权可以通过合理的收入分配对地方政府实施调节城乡收入差距政策提供正向激励。具体而言，通过自身融资的支出份额越大，地方政府将对辖区民众更加负责。在中国式财政分权背景下，由于地方政府税收收入主要源于以增值税、营业税和企业所得税为代表的工商性税收，这些收入主要来源于位于城市中的二、三产业的发展，因此，为获取更多的财政收入，地方政府必须加大力度发展城市的第二、第三产业。此外，在"城镇化"和"经营城市"的驱动下，地方政府近年来热衷于"卖地生财"，大搞房地产开发，依靠土地增加财政收入。同时，官员个人的灰色收入亦水涨船高。近年来，伴随着经济快速发展，对土地的需求日益增加，由于土地产权制度虚无和监督制约机制乏力，官员土地腐败案件亦逐年上升，官员贪腐的数额也越来越大，因土地征用与房屋拆迁造成的城乡收入差距亦在不断扩大。

三是政府间转移支付对城乡收入差距的影响。经典分权理论认为，政府间转移支付有助于实现政府间财力均衡以及协调地区发展并缩小地区间的财政差距。然而，由于我国的政府间转移支付制度设计不合理、不规范，对城乡发展和收入差距的调节作用有限。首先，政府间转移支付加剧了地区间差距，越是富裕地区获得的转移支付反而越多，转移支付没有缩小地区差距，"马太效应"导致贫困地区缺乏调节城乡收入差距的财力保障。其次，当前不完善的转移支付进一步强化了城乡收入差距。对于地方政府而言，中央财政转移支付是另一个重要的财政收入激励。转移支付占地方财政支出的比重由1993年的近20%上升到2012年的42.3%，占地方财政收入的比重平均在85%左右，接近了地方政府的财政收入规模。地方政府获得的"税收返还"由2008年的4282.2亿元增加到2012年的5188.6亿元，增加了21.2%，因"税收返还"代表的是以增值税、消费税为主的边际增收激励，地方政府促进经济增长的同时，不仅可以获得按体制规定的财政收入，而且还能从中央获得一份额外的增长奖励，进一步激励了地方政府对经济发展的热情。

而本书从支出分权角度分析财政分权下地方政府教育支出偏向城乡对农村居民收入和城乡收入差距的影响，其原因有二。首先，根据卢卡斯（1988）的内生增长理论，由于城市是财富和资本集中地，具有更好的基础设施和服务体系，对于经济增长而言具有更大的带动效应。因为人力资本可以抵消物质资本积累中产生的边际生产力递减并维持经济长期持续增长，所以，城市人力资本的增加会带动城市经济更快速增长。因此，地方政府教育支出主要表现为为城市经济发展服务，加之城市具有比农村更多的政治代表，导致教育支出偏向城市而忽视农村，造成城乡人力资本投资的巨大差异。其次，虽然中国式财政分权下地方政府面临着政治晋升激励、财政收入激励和私人收益激励，但这三种激励的实现却内生于经济增长过程中，因此，无论哪一种激励都会导致地方政府将收益与支出挂钩，从而导致教育支出偏向于具有更大产出创造功能的城市和城市居民，而忽视经济增长贡献较小的农村和农村居民，导致政府教育支出偏向城市。所以，财政分权并没有改善城乡收入差距。

基于上述分析，本书构建了一个从制度层面解释财政分权影响城乡收入分配的逻辑框架。

第 4 章

中国式财政分权、教育支出偏向与城乡收入差距：理论模型

舒尔茨（1961）认为，人力资本积累是当今时代促进国民经济增长的源泉，是使个人收入的社会分配趋于平等的重要因素，而教育是促进人力资本积累的重要源泉。可见，政府教育支出可以有效促进城乡居民的人力资本积累并影响城乡收入分配。由于在中国式财政分权下教育支出基本上由地方政府负责，所以，地方政府的行为动机是决定地方政府对城乡教育支出水平的决定因素。本章在分析框架基础上，运用现代人力资本和内生经济增长理论，以政府教育支出为分析对象，构建中国式财政分权影响城乡收入差距的理论机制。

4.1 教育对城乡收入差距的影响机理

4.1.1 教育支出与人力资本的关系

人力资本是影响生产效率和经济增长的一个重要因素，而教育

投资是人力资本的重要来源。根据现代人力资本理论，人们通过学习所获得的知识和技能是资本的一种形式，和物质资本一起构成经济发展的两大推动力。舒尔茨（1960）指出，人的知识、能力、健康等人力资本的提高对经济增长的贡献要比物质资本、劳动力数量的增加重要得多。他首次结合经济增长问题，明确提出了人力资本的概念，阐述了人力资本投资的内容及其对于经济增长的重要作用，这些论断被认为是现代人力资本理论的起源。舒尔茨认为，人的经济才能并非与生俱来，而是通过带有投资性质的活动逐步发展起来的，这些活动包括教育、健康、在职培训和劳动力迁移。从人口素质提升的角度来看，教育是提高人口质量的关键。不同国家人口的先天能力是趋于平衡的，但后天获得的能力却存在很大差异，这主要是教育的结果，具体表现在能力、技能、知识等各个方面。

4.1.2　教育对经济增长的影响

根据内生经济增长以及收入分配等相关理论，教育将影响人力资本存量和质量、劳动力供给、技术进步等，进而影响经济增长。具体而言，教育对经济增长的影响主要表现在以下几个方面：

一是教育的人力资本积累和技术创新的促进效应。教育是人力资本积累的主要来源，如舒尔茨（1960）认为教育是人力资本形成的主要投资形式，卢卡斯（1988）认为教育和"干中学"（learning by doing）是人力资本形成的两个主要来源。教育在现代经济生产活动中的作用超出了物质资本（Nelson et al.，1966），教育不仅能够提高一个国家采纳、吸收和应用他国新技术的能力，而且决定了其国内的创新能力（Romer，1990）。如果说物质资本的缺失会抑制技术进步的话，那么，缺少受过高等教育的人才将使一个国家丧失创造和应用新技术的能力。

二是教育的私人投资引致效应。教育是内生增长理论中抵消生产函数边际收益递减并维持经济增长的驱动力之一（Lucas，1988；Romer，1986，1990）。当教育支出水平比较充足时，私人投资的边际报酬仍将随着人均资本的积累而递减，但教育支出可以减缓人均资本边际报酬递减的速度；教育是物质资本投资的必要补充，相对较低的人力资本解释了为什么实物资本并未从富裕国家向贫穷国家流动（Lucas，1990）。

三是结构转换的促进效应。城乡分割的二元经济结构是发展中国家最大的经济特征，而二元经济结构转换——工业化、城市化、现代化以及对传统农业和农村的改造——是发展中国家经济增长的本质特征。二元经济结构转换不仅为非农业部门提供充足的劳动力供给，同时也能够延缓非农部门资本报酬递减，进而引发持续的投资冲动，推动经济持续高速增长。换言之，现代部门的发展需要越来越多的具有一定知识和学习能力的人力资本，所以，提升农村居民人力资本水平，可以使他们在二元经济结构转换过程中找到相匹配的工作岗位。这也意味着，政府增加对农村的教育支出水平能够显著地促进二元经济结构转换，促进经济持续增长。

4.1.3 教育对城乡收入差距的影响

教育支出差异影响城乡收入差距的具体机理与传导机制表现在以下几个方面：

一是教育支出差异导致城乡人力资本差距的产生和扩大。城乡人力资本差距受到两个方面因素的影响：一是城乡居民私人人力资本投资；二是政府对城乡居民的教育支出。正如本书第 3 章所指出的那样，增长型激励导致地方政府在教育支出方面存在偏向城市的政策倾向，地方政府对城镇的教育支出水平远远高于农村。同时，从两个因素的相互关系看，政府教育支出会深刻影响城乡居民私人人力资本投资，换言之，在城市偏向型政策下地方政府对农村教育支出的相对不充足导致农村居民人力资本投资受到抑制，产生城乡居民因人力资本水平差异而造成的收入差距，并陷入失衡的陷阱。

二是教育支出差异将导致城乡收入分配的"马太效应"。在地方政府城市偏向的教育公共品供给体制下，我国城镇居民享有的政府教育支出水平远高于农村居民，同时，城镇居民的人均收入水平又明显高于农村居民，城乡教育投资差异与居民收入水平的差距将进一步影响城乡收入分配，从而产生城乡居民收入分配中的"马太效应"，即如果没有政府的及时干预，可能会出现贫者愈贫、富者愈富的两极分化现象。也就是说，收入水平相对较低的农村居民难以获得足够的政府教育支出，而收入水平较高的城镇居民反而获得了更高的政府教育支出，从而导致城镇居民与农村居民的人力资本水平和收入差距进一步扩大。

4.2　教育人力资本差异与城乡收入差距的动态关系

4.2.1　明赛尔模型及其评价

有关人力资本对收入分配的影响，学术界通常采用明塞尔模型，其一般形式如下：

$$\ln(y) = f(X, \varepsilon) \qquad (4-1)$$

（4-1）式中 $\ln(y)$ 代表的是对数收入，X 是反映人力资本的一系列变量，将其他没有包含的变量和不可观察的因素纳入到残差项 ε 中。

明塞尔（1974）在上述模型基础上，根据实证数据得出年龄收入函数，发现教育年限与收入呈正向线性关系，年龄与收入呈二次性关系，随着年龄增加，收入会依次呈现加速递增、减速递增与递减的趋势。另外，用工作经验年限替代年龄与收入的二次性关系更加吻合，因此提出了著名的明塞尔收入方程：

$$\ln(y) = \alpha + \beta_1 s + \beta_2 ex + \beta_3 ex^2 + \varepsilon \qquad (4-2)$$

其中，y 代表个人收入水平，s 是受教育年限，ex 为工作经验年数，通常用"年龄减去起始教育年限6（儿童入学年龄）"表示，ε 为影响收入的其他因素。如图 4 - 1 所示，模型的直观意义表明，受教育年限与收入呈正相关关系，即个体人力资本水平与收入是正相关的，随着个体受教育时间的增加，收入水平是上升的，从现实角度而言，收入的经验曲线符合上述假设（罗伯特·J·威利斯，2009）。

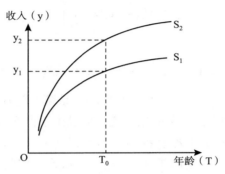

图 4 - 1　人力资本差异与收入水平差距

由图 4 - 1 可知，具有相同年龄（T_0）的不同个人因受教育水平的差异（$s_1 < s_2$）而获得不同的收入（$y_1 < y_2$）。可见，受教育程度是提高收入水平的重要措施。

明赛尔模型一经提出，便产生巨大的影响，并成为现代劳动经济学的重要理论内容之一。然而，需要指出的是，人力资本的承载者是人，人通过价值创造才能实现自我价值的实现，换言之，在人力资本与收入分配之间明赛尔模型缺少一个有效的链接途径。本书认为，经济增长是人力资本社会价值创造和自我价值实现过程，由于不同的人力资本水平所带来的边际生产贡献不同，因此，所得到的收入水平必定会有所差异。因此，本书借鉴明赛尔模型的基本思想，利用现代内生经济增长模型构建本书的数理分析模型。

4.2.2　模型构建

1. 代表性消费者行为假定

考虑一个寿命为 T 个时期的代表性消费者，其效用水平取决于消费（C）。文章假定，代表性消费者拥有初始财富水平 A_0，且 T 个时期内的收入分别是 I_1，I_2，…，I_T，并假定该消费者没有借贷，且以一个外生的利率进行储蓄，为便于分析，假定利率为零。则，该消费者的预算约束为：

$$\sum_{t=1}^{T} C_t = A_0 + \sum_{t=1}^{T} I_t \qquad (4-3)$$

其终生效用为：

$$U = \int_{t=1}^{T} u(C_t), \ u'(\cdot) > 0, \ u''(\cdot) < 0 \qquad (4-4)$$

其中，$u(\cdot)$ 是瞬时效用函数，C_t 是第 t 期消费。由 C_t 的一阶条件可知，消费的边际效用不变，而且由于消费水平唯一地决定其边际效用，这意味着消费必定不变，即 $C_1 = C_2 = \cdots = C_T$（戴维·罗默，2009）。又因为 A_0 给定，意味着各期收入相同，所以，（4-3）式可转变为：

$$C_t = \frac{1}{T}A_0 + I_t \qquad (4-5)$$

文章进一步假定，代表性消费者的收入来源于其向企业提供的人力资本，令 h_t 代表消费者第 t 期人力资本规模，w_h 代表人力资本的工资率，则第 t 期收入水平为：

$$I_t = w_h \cdot h_t \qquad (4-6)$$

由（4-6）式可知，工资收入的增加可以提升个人消费并提高个人福利水平。

2. 代表性生产者行为假定

根据 MRW（Mankiw et al.，1992）模型，[①] 假定生产者使用规模报酬不变的生产函数生产最终消费品，以满足消费者需要：

---

① 以罗默（1986）和卢卡斯（1988）为代表的新增长理论认为经济增长不是外部力量（如外生技术变化），而是经济体系内部力量（如内生技术变化）作用的结果，重视知识外溢、人力资本投资、R&D 等新问题的研究。其中某些因素如人力资本存量等对经济增长率起着决定性作用，由于人力资本等产生的递增收益可以抵消物质资本的边际生产力递减，从而导致拥有更多人力资本存量的富国与穷国之间的差异不会缩小，而是贫者愈贫、富者愈富，这便否定了新古典模型增长趋同的结论。

$$y_t = f(k_t, h_t, l_t) = k_t^{\alpha} h_t^{\beta} l_t^{1-\alpha-\beta}, ① \ 且 \ y'(\cdot) > 0$$
$$y''(\cdot) < 0, \ \alpha、\beta \in (0, 1) \qquad (4-7)$$

其中，k_t 代表 t 时刻的物质资本投入，h_t 代表 t 时刻的人力资本投入，l_t 为劳动投入。各种要素投入的收入份额是要素的边际产量与要素规模的乘积，即：

资本收入：$y'_k \cdot k = \alpha k_t^{\alpha-1} h_t^{\beta} l_t^{1-\alpha-\beta} \cdot k = \alpha \cdot y \qquad (4-8)$

人力资本收入：$y'_h \cdot h = \beta k_t^{\alpha} h_t^{\beta-1} l_t^{1-\alpha-\beta} \cdot h = \beta \cdot y \qquad (4-9)$

普通劳动报酬：$y'_l \cdot l = (1-\alpha-\beta) k_t^{\alpha} h_t^{\beta} l_t^{-\alpha-\beta} \cdot l$
$$= (1-\alpha-\beta) \cdot y \qquad (4-10)$$

其中，y'_k、y'_h、y'_l 分别代表资本、人力资本和劳动的边际产出水平。

3. 政府行为假定

假定政府以平衡预算形式向个人提供教育公共品以促进人力资本积累，② 根据杨建芳等（2006）的研究，本书假定政府教育投资遵循 Cobb - Douglas 函数形式，为便于分析，假定人力资本折旧率为零，则政府教育投资与人力资本规模的关系表示为：

$$h_t = \mu e_t, \ 且 \ h'_e > 0, \ h''_e < 0, \ e_t = \tau y_t \qquad (4-11)$$

e_t 代表政府教育投资支出，τ 代表税率，μ 为人力资本转换系数，且 $\mu \in (0, 1)$，μ 越大，表明政府教育支出的人力资本形成率就越高。③ 当 μ 一定时，政府教育投资支出越大，人力资本形成率越高。

通过（4-4）式、（4-5）式、（4-11）式可得，

---

① 为便于后文分析，本书将原 MRW 模型中的技术状况 A 标准化为 1。

② 根据贝克尔（1962）的研究，人力资本投资分为教育、在职培训、健康、迁移等不同形式，为便于分析，本书只选取政府教育支出对人力资本形成的影响。参见：Becker, Gary S.. Investment in Human Capital: A Theoretical Analysis [J]. Journal of Political Economy, 1962, 70 (5): 19-49.

③ 为提供教育公共品，政府必须从事教育基础设施建设、雇用教师、组织教学等活动，以更好地提高劳动者的知识和技能水平，从而提高人力资本规模。但劳动者个人偏好、收入水平、自然条件等因素将会制约劳动者个人的人力资本积累，而且，即使假定各种条件同质，劳动者个人禀赋也会影响人力资本积累。因此，添加转换系数目的在于说明，政府教育支出不能完全等于人力资本规模。

$$\frac{du}{dI} = \frac{\partial u}{\partial c} \frac{\partial c}{\partial I} > 0 \qquad (4-12)$$

$$\frac{dI}{de} = \frac{\partial I}{\partial h} \frac{\partial h}{\partial e} > 0 \left(或 \frac{dy}{de} = \frac{\partial y}{\partial h} \frac{\partial h}{\partial e} > 0 \right) \qquad (4-13)$$

由上述两式可知，政府教育投资对消费者的人力资本积累、收入水平、个人消费和福利水平有直接影响，政府教育投资的变动将直接改变消费者的人力资本规模与人力资本收入，最终影响消费者的福利水平。

求解最优化问题并取绝对值之后得到：

$$C'_h = w_h \qquad (4-14)$$

根据（4-9）式，（4-14）式可转换为：

$$C'_h = w_h = \beta k_t^{\alpha} h_t^{\beta-1} l_t^{1-\alpha-\beta} \qquad (4-15)$$

4.2.3 政府教育支出差异与城乡收入差距

1. 人力资本投资函数

人力资本的形成与人力资本投资是密不可分的，在折旧率不变情况下，人力资本投资数量越多，人力资本规模越大。人力资本投资主体具有多样性的特点。具体而言，人力资本投资主体包括个人、家庭、企业、政府以及各种社会团体，其中最主要的投资者是个人、企业和政府（李建民，1999）。

（1）个人投资。个人是人力资本最主要的投资者，其目的在于提高自己及家人的生活质量。个人可以从人力资本投资中获得经济（包括收入、职业保障、就业机会等）和非经济（包括精神与心理上的满足、社会地位的提高、生活环境的改善等）两方面的收益。个人的人力资本投资取决于人力资本供给与需求两方面因素的综合影响。

（2）企业投资。一般而言，企业所需人力资本可以从以下两个途径获得：一是直接从人力资本市场上购买或租用；二是自己直接进行人力资本投资，得到企业自身所需要的人力资本。与个人投资者不同的是，企业对人力资本投资的范围要小得多，主要集中于在职培训。通过这种投资所形成的人力资本更直接符合企业的特殊需要。此外，企业人力资本投资的目的要简单得多，即以利润最大化为目标。

（3）政府投资。在人力资本投资与人力资本形成过程中政府可以发挥巨大作用。政府是人力资本最主要的投资者之一，具有个人或企业所不具备的特殊作用。政府对人力资本的投资领域是相当广泛的，如国民教育、科学研究、医疗卫生等，在一些发达国家，政府所进行的人力资本投资甚至是全方位的。政府人力资本投资可以获得如下收益：首先，政府人力资本投资所形成的人力资本是一种社会基础设施，有利于全体国民素质的提高；其次，政府人力资本投资可以在更高程度上实现人力资本的外部效益、规模效益和连锁效应；再次，由于政府人力资本投资资金来源于税收，所进行的人力资本投资（如义务教育、医疗保险等）具有国民收入再分配性质，可以缩小个人彼此之间人力资本存量水平（或收入能力）的差别，改善个人收入分配状况，进而缩小收入差别。

根据上述理论分析，本书假定个体 i 的人力资本函数为：

$$h^i = \kappa (E^i)^{\alpha_1} (I^i)^{\alpha_2} (g^i)^{1-\alpha_1-\alpha_2}, \quad h'(\,\cdot\,) > 0 \qquad (4-16)$$

其中，h^i 代表个人 i 的人力资本投资水平，E^i 为个体所在企业的人力资本投资，I^i 代表个体私人人力资本投资，g^i 代表政府人力资本（教育）支出，κ 为人力资本生产率。由于现实存在的收入差距制约了个体人力资本投资，企业的人力资本及其对个体人力资本形成的作用具有不确定性，因此，政府教育支出对个体人力资本形成具有决定性的作用，可以通过改变中低收入群体人力资本水平使收入差距保持在合理范围内，避免因人力资本差异而导致收入差距的"马太效应"。

2. 政府教育支出偏向对城乡收入差距的影响

为分析偏向城市的政府教育支出政策如何影响城乡收入差距，可建立一个以农村和城市经济产出为基础的生产函数，并进而考察对城乡总体社会福利的影响。

$$U = U(C, R) = U(C(y_C), R(y_R)) \tag{4-17}$$

其中，U 代表社会福利水平，C 代表城市（city），R 代表农村（rural area），y_C 代表城市经济产出，y_R 代表农村经济产出。由（4-7）式，则

$$y_C = k_C^{\alpha_1} h_C^{\beta_1} l_C^{1-\alpha_1-\beta_1} \tag{4-18}$$

$$y_R = k_R^{\alpha_2} h_R^{\beta_2} l_R^{1-\alpha_2-\beta_2} \tag{4-19}$$

令 k_C、k_R 代表城市和农村的资本，h_C、h_R 代表城市和农村的人力资本，l_C、l_R 代表城市和农村的普通劳动，因此，上述生产函数满足如下生产要素约束条件：

$$k = k_C + k_R \tag{4-20}$$

$$h = h_C + h_R \tag{4-21}$$

$$l = l_C + l_R \tag{4-22}$$

当城市和农村所获得的生产要素不均衡时，城市与农村各自的经济产出进而城乡收入分配是不同的（即 $y_C \neq y_R$），城乡社会福利亦存在差异（即 $U_C \neq U_R$）。因此，在完全竞争的市场条件下，城乡社会福利最大化的一阶条件是农村产出增加的边际福利贡献与城市产出减少造成的福利损失的绝对值相等，即

$$\frac{\partial U}{\partial C} \frac{\partial C}{\partial y_C} = \frac{\partial U}{\partial R} \frac{\partial R}{\partial y_R} \tag{4-23}$$

由上式可知，在城乡福利最优化情况下，城乡要素的边际产出进而在无任何政府干预情况下城乡要素收入分配可以实现均等。以人力资本支出为例，则城乡要素边际产出贡献如下所示：

$$y'_{h_C} = \beta_1 k_C^{\alpha_1} h_C^{\beta_1-1} l_C^{1-\alpha_1-\beta_1} = \beta_2 k_R^{\alpha_2} h_R^{\beta_2-1} l_R^{1-\alpha_2-\beta_2} = y'_{h_R} \tag{4-24}$$

令 I_C、I_R 分别代表城市、农村人均收入，则：

$$M_C = I_C + \varepsilon_C \tag{4-25}$$

$$M_R = I_R + \varepsilon_R \tag{4-26}$$

其中 I_C 与 I_R 分别代表城市与农村各自的人力资本收入水平，ε 为其他收入构成项目。因此，比率法下的城乡收入差距公式为：

$$\pi = \frac{M_C}{M_R} \tag{4-27}$$

以差值法计算的城乡收入基尼系数公式为：

$$\text{Gini}_{C,R} = \frac{M_C}{M_C + M_R} - \frac{M_R}{M_C + M_R} \qquad (4-28)$$

由上述城乡收入基尼系数可知：

首先，当基尼系数为 1 时，表示城乡收入分配绝对不平等；当基尼系数为 0 时，表示城乡收入分配绝对平等；

其次，如果经济中的要素资源过度流向城市的话，会导致城市的收入水平大于农村收入水平（即 $y_C > y_R$），基尼系数会随着城市经济的快速发展而迅速扩大；

再次，更进一步而言，在控制其他因素不变的情况下，如果政府教育支出更多地投向城市而忽视农村的话，则城市人力资本水平会大于农村人力资本水平，导致农村人力资本收入低于城市，即 $I_R < I_C$。

最后，若政府合理安排对城市与农村的教育支出以使其保持在合理范围内，则可以调节城乡人力资本和收入分配差异，有效降低城乡收入差距。

4.3 中国式财政分权下教育支出偏向对城乡收入分配的影响

4.3.1 地方政府效用函数及行为选择

借鉴傅勇（2008）的研究，[①] 本文将地方官员[②]的效用函数设定为：

$$U_i = \sigma \ln y_i + \psi \ln fr_i + \varphi \ln p_i + \varepsilon \qquad (4-29)$$

该效用函数满足 $U'(\cdot) > 0$，$U''(\cdot) < 0$，其中，i 代表地方政

---

① 傅勇. 中国的分权为何不同：一个考虑政治激励与财政激励的分析框架 [J]. 世界经济, 2008 (11).

② 本书所指的地方官员，是指地方政府的主要负责人，如省委书记、省长，市委书记和市长，以此类推。

府，y_i 代表辖区经济增长，fr_i 代表辖区内的财政收入，p_i 是官员个人的收入水平，ε 为影响官员效用的其他变量。参数 σ、ψ 的大小取决于那些能够决定地方官员政治命运的人（上级政府，或者辖区选民）对经济增长和财政收入的重视程度；参数 φ 的大小反映了特定政治体制下对地方官员的监督和惩罚强度。

因此，在既定任期（t）内地方官员的目标如下：

$$\max u_i(t) = \int_0^t U_i[y_i, fr_i, p_i] e^{-\rho_t} dt, \ \text{且} \ u'(\cdot) > 0, \ u''(\cdot) < 0$$

$$(4-30)$$

其中，$\rho > 0$ 是贴现率，为常数。根据效用函数的一阶条件，经济增长、财政收入与私人收益的增加都可以提高地方官员的效用水平，从而带来自身满意度的提高，即 $u'_y > 0$，$u'_{fr} > 0$，$u'_p > 0$。而政治考核下官员任期的时间约束又会促使地方官员采取短期行为，因此，任何能够促进经济增长的行为都为地方官员所偏爱，所以，仅就地方政府财政支出行为选择而言，其理性选择就是采取城市倾向型支出政策，而忽视对农村的财政投入。以教育支出为例，由于城市完善的基础设施和产业结构，可以吸引大规模的高水平人力资本以促进城市经济发展，即 $y'_e > 0$，因此，地方政府的教育支出往往投向了城市而忽视了农村。此外，财政激励与个人收益激励也会进一步强化地方官员城市偏向型教育支出结构的扭曲。

4.3.2 地方政府教育支出偏向城市对城乡收入分配的影响

由于政府教育支出是人力资本最重要的投资形式，为有效分析中国式财政分权下地方政府教育支出偏向对城乡人力资本及收入分配的影响，本文首先构建城乡人力资本最优规模的模型。由（4-11）式，则具体的城乡人力资本投资模型为：

$$h_t = \mu e_C^\phi e_R^{1-\phi}, \ \phi < 1 \qquad (4-31)$$

其中，ϕ 为参数，e_c 代表城市教育投资，e_R 代表农村教育投资。上式实际上可以看做是由 e_C 与 e_R 所组成的二维平面坐标系中的一簇等人力资本曲线,如图 4 – 2 中的 M_1、M_2 与 M_3……所示。每一条等人力资本增量曲线代表着一定的人力资本数量值,并且相同的人力资本规模可以由不同组合比例的城镇教育投资与农村教育投资来实现。

当一个经济体内的人力资本投资总额固定时,城镇教育投资和农村教育投资之间存在互替关系,即:

$$e_C + e_R = \nu y \tag{4 – 32}$$

此处,ν 代表人力资本投资率,且假定为不变的外生参数;y 代表整个经济体的产出水平。

根据微观经济分析方法,(4 – 32) 式可以看作是人力资本投资的预算线,如图 4 – 2 中的直线 AB 所示。在人力资本投资总量既定的条件下,城镇教育投资与农村教育投资存在一个最佳比例,从而使人力资本规模达到最大,在图 4 – 2 中就是 AB 与 M_1 相切于点 e 时,存在 e_C^* 与 e_R^* 使人力资本规模达到最大。

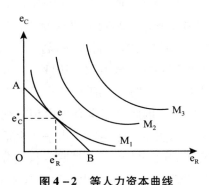

图 4 – 2　等人力资本曲线

上述分析的数学证明如下:

$$\max \mu e_C^{\phi} e_R^{1-\phi}, \ \text{s. t.} \ e_C + e_R = \nu y \tag{4 – 33}$$

最优化的一阶条件为:

$$L_{e_C} = \phi \mu e_C^{\phi - 1} e_R^{1 - \phi} - \nu = 0 \tag{4 – 34}$$

$$L_{e_R} = (1 - \phi) \mu e_C^{\phi} e_R^{-\phi} - \nu = 0 \tag{4 – 35}$$

$$L_{\theta} = \nu y - e_C - e_R = 0 \tag{4 – 36}$$

由 (4-34) 式、(4-35) 式可得，极值均衡时满足：$\phi\mu e_C^{\phi-1}e_R^{1-\phi}$ = $(1-\phi)\mu e_C^{\phi}e_R^{-\phi}$，经整理得到：

$$\frac{e_C^*}{e_C^*+e_R^*} = \phi \qquad (4-37)$$

这意味着，当 $e_C^*/(e_C^*+e_R^*)=\phi$ 时，人力资本规模达到最大，其最大值为：

$$h_t^* = \mu\phi^{\phi}(1-\phi)^{1-\phi}\nu y \qquad (4-38)$$

由 (4-36) 式、(4-37) 式运算整理可得：

城镇最优教育投资规模为：$e_C^* = \phi\nu y$ \qquad (4-39)

农村最优教育投资规模为：$e_R^* = (1-\phi)\nu y$ \qquad (4-40)

经过上述分析可以得到如下结论：最优人力资本规模由人力资本投资结构比重 $\frac{e_C}{e_C+e_R}$（也可以用 $\frac{e_C}{e_R}$ 表达）与人力资本投资数量 νy 共同决定；当人力资本投资规模既定时，只要确定一个城镇和农村政府教育支出的最佳比例就能使人力资本规模达到最优。

由于在中国式财政分权体制内事权划分存在"上下不明"[①] 的问题，加之行政管理体制上的隶属关系以及人员任免的上级主导性，导致上级政府可以随意下放事权。2011 年，中央政府承担的教育支出比重仅仅为 6.1%，地方政府承担了 93.9%；2012 年该比重进一步上升为 94.8%。[②] 因此，完全有理由相信地方政府的财政支出偏好将会对城乡人力资本积累与收入水平产生重要影响。

为进一步考察地方政府支出行为对城乡收入分配和社会福利的影响，文章构造地方政府（i）的支出结构函数如下：

$$g_1^i = e_C + e_R + \varepsilon_1 \qquad (4-41)$$

其中，e_C 代表地方政府对城镇的教育支出，e_R 代表地方政府对农村的教育支出，ε_1 代表地方政府的其他支出。根据 (4-16) 式，本书进一步假定城、乡各自的人力资本投资函数为：

---

① 即各级政府之间具体承担的事权与支出责任划分不清，且职能重构与雷同，无法分清哪些是本级财政的主要事权，哪些是上级财政和下级财政的事权。

② 数据引自财政部《2013 年全国财政决算数据》。

$$h_C^i = \kappa (f_c^i)^{\alpha_1} (p_c^i)^{\alpha_2} (e_c^i)^{1-\alpha_1-\alpha_2} \quad\quad (4-42)$$

$$h_R^i = \kappa (f_R^i)^{\beta_1} (p_R^i)^{\beta_2} (e_R^i)^{1-\beta_1-\beta_2} \quad\quad (4-43)$$

其中，h_C^i 代表城镇代表性个人 i 的人力资本投资函数，h_R^i 代表农村代表性个人 i 的人力资本投资函数，f^i 为个体所在企业的人力资本投资，p^i 代表个体私人人力资本投资，e^i 代表政府教育支出，κ 为人力资本生产率。由于现实存在的收入差距制约了农村个体人力资本投资，而企业的人力资本及其对个体人力资本形成的作用具有不确定性，因此，政府教育支出对个体人力资本形成具有决定性的作用，可以通过改变中低收入群体人力资本水平使收入差距保持在合理范围内，避免因人力资本差异而导致收入差距的"马太效应"。假定政府增加对农村的教育支出并达到 $e_R > e_C$ 水平，从而能够提高农村居民的人力资本水平与收入水平，进而提高农村居民可支配收入 M_R，从而提高农村整体社会福利水平 U_R。反之，若地方政府将更多教育支出投向城镇而非农村，则受制于农村较低的人力资本规模，农村居民的收入增长将低于城镇居民。

由城乡生产函数可知，地方政府的教育支出选择将会影响城乡收入分配。在地方政府教育支出总量既定情况下，城乡教育支出存在互替关系，即 $\dfrac{\partial y_C}{\partial h_{Rl}} < 0$，$\dfrac{\partial y_R}{\partial h_{Cl}} < 0$，因此，对城乡产出存在如下的影响：

若 $e_C < e_R$，则城乡各自的人力资本产出关系为：

$$y_C = k^{\alpha} h_C^{\beta} l^{1-\alpha-\beta} < y_R = k^{\alpha} h_R^{\beta} l^{1-\alpha-\beta} \quad\quad (4-44)$$

若 $e_C > e_R$，则城乡各自的人力资本产出关系为：

$$y_C = k^{\alpha} h_C^{\beta} l^{1-\alpha-\beta} > y_R = k^{\alpha} h_R^{\beta} l^{1-\alpha-\beta} \quad\quad (4-45)$$

已有研究表明，在改革进程中来自于相对更具有政治话语权的城市人口的政治压力导致了许多旨在提高城市收入的财政支出项目（蔡昉和杨涛，2000）。由于城市的经济增长贡献大于农村，因此，地方政府的理性选择是增加对城市的教育支出而减少对农村的教育支出（$e_C > e_R$），导致城市的人力资本高于农村的人力资本（$h_C > h_R$），从而引起城市和农村人力资本收入的差异（$I_C > I_R$），致使城乡收入比上升和城乡基尼系数的扩大。[①]

假定城乡人力资本同质且工资率相同,当政府教育支出存在城市偏向时(即 $e_C > e_R$),此时的城乡工资性收入关系为:

$$I_C = w_h \cdot e_C > w_h \cdot e_R = I_R \qquad (4-46)$$

结果表明,地方政府城市偏向的教育支出政策影响了城乡居民的收入水平,如果这种城市偏向的教育支出政策得不到有效调节的话,则城乡收入差距将会持续扩大。

4.4　本章小结

由于现实存在的收入差距制约了农村个体人力资本投资,而企业的人力资本及其对个体人力资本形成的作用具有不确定性,因此,政府教育支出对个体人力资本形成具有决定性的作用,可以通过改变中低收入群体人力资本水平使收入差距保持在合理范围内,避免因人力资本差异而导致收入差距的"马太效应"。

本章主要任务在于构建中国式财政分权对城乡收入差距影响的数理模型。首先,文章具体分析了教育对城乡收入差距的影响机理,并建立人力资本投资函数,指出政府人力资本是个体人力资本形成的重要来源,可以有效调节城乡人力资本差异。其次,在考察明塞尔模型的基础上,借鉴现代内生经济增长理论构造含有个人、企业和政府三部门经济的卡斯-库普曼斯模型,在此基础上分别构造城乡生产函数和收入分配比较模型。最后,构造地方政府官员福利函数,分析增长型激励下的地方官员在城乡二元经济增长结构下

---

① 在地方政府教育支出存在城乡差异的同时,相比于经济建设支出和行政管理支出而言,地方政府教育支出总量不足。根据本书模型,虽然教育支出通过人力资本渠道对经济增长产生影响,但是,这是一个长期的过程,即期经济增长效果并不明显,即 $\frac{\partial y_t}{\partial e_t} \leq 0$,$\frac{\partial y_{t+1}}{\partial e_t} > 0$。而对于具有既定任期的地方官员而言,要想在短期内创造较好的经济绩效,特别是政治晋升资源的有限和众多地方政府之间的竞争,会促使地方政府采取短期行为,通过增加经济建设支出促进经济增长,为企业发展服务。

的行为选择，并分析中国式财政分权、政府教育支出偏向对城乡收入分配的影响。

　　本章的数理分析进一步证明了现有研究，即政治晋升资源的有限性与官员任期的约束促使地方官员采取短期行为，通过增加经济建设支出为招商引资和企业发展服务，造成地方政府教育支出偏向城市，财政支出结构"重建设、轻服务"的问题在中央政府自上而下的"标尺竞争"激励和"用手投票"与"用脚投票"双重监督约束机制缺失条件下被放大，走向"循环累积"之路。当财政分权使地方政府拥有了支出安排的自主权之后，中国式财政分权下的增长型激励使地方政府财政支出结构偏向，在中央政府的"GDP增长考核"下，地方政府通过大量的要素投入、扩大基础设施建设、吸引外资等手段，维持着较高的经济增长水平，在政治晋升资源有限性的情况下展开了一场"政治晋升锦标赛"，地方财政教育支出偏向经济增长贡献更大的城市，使农村居民人力资本积累受限，从而抑制了农村居民收入水平的增长，扩大了城乡收入差距。引申而言，若中国式财政分权下地方政府的增长型激励机制得不到有效矫正的话，地方政府教育支出偏向城市的问题便不能得到根本解决，则城乡收入差距有可能处于循环累积的自我强化之路。

第 5 章

教育人力资本差异与城乡
收入差距的分解分析

5.1 城乡收入差距的基尼系数测度与分解

5.1.1 城乡收入差距现状

伴随着改革开放以来我国经济的快速发展，城乡居民收入差距也在一直扩大。由表5-1和图5-1可以看出，尽管人均收入绝对规模不断上升，但城乡人均收入差距呈现快速扩大之势，城乡人均收入比由1978年的2.6上升到2012年的3.1。

表5-1 城乡居民人均收入比较

年份	城镇居民家庭人均可支配收入（元）		农村居民家庭人均纯收入（元）		城乡居民人均收入比
	绝对额	增长率（%）	绝对额	增长率（%）	
1978	343.4	—	133.6	—	2.6

续表

年份	城镇居民家庭人均可支配收入（元）		农村居民家庭人均纯收入（元）		城乡居民人均收入比
	绝对额	增长率（%）	绝对额	增长率（%）	
1980	477.6	23.4	191.3	19.5	2.5
1985	739.1	13.5	397.6	11.9	1.9
1990	1510.2	9.9	686.3	14.1	2.2
1991	1700.6	12.6	708.6	3.2	2.4
1992	2026.6	19.2	784.0	10.6	2.6
1993	2577.4	27.2	921.6	17.6	2.8
1994	3496.2	35.6	1221.0	32.5	2.9
1995	4283.0	22.5	1577.7	29.2	2.7
1996	4838.9	13.0	1926.1	22.1	2.5
1997	5160.3	6.6	2090.1	8.5	2.5
1998	5425.1	5.1	2162.0	3.4	2.5
1999	5854.0	7.9	2210.3	2.2	2.8
2000	6280.0	7.3	2253.4	1.9	2.8
2001	6859.6	9.2	2366.4	5.0	2.9
2002	7702.8	12.3	2475.6	4.6	3.1
2003	8472.2	10.0	2622.2	5.9	3.2
2004	9421.6	11.2	2936.4	12.0	3.2
2005	10493.0	11.4	3254.9	10.8	3.2
2006	11759.5	12.1	3587.0	10.2	3.3
2007	13785.8	17.2	4140.4	15.4	3.3
2008	15780.8	14.5	4760.6	15.0	3.3
2009	17174.7	8.8	5153.2	8.2	3.3
2010	19109.4	11.3	5919.0	14.9	3.2
2011	21809.8	14.1	6977.3	17.9	3.1
2012	24564.7	12.6	7916.6	13.5	3.1

资料来源：《中国统计年鉴》。

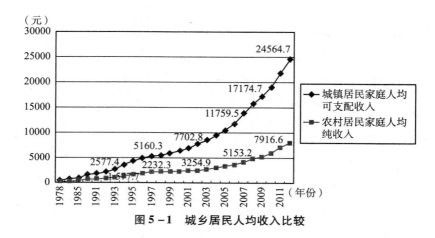

图 5-1　城乡居民人均收入比较

　　而从城乡居民人均收入绝对规模增长率来看，除个别年份外，城镇居民人均收入增长速度明显快于农村居民人均收入增长速度，直到 2010～2012 年，农村居民人均收入增幅才高过城镇居民人均收入增长率。

　　此外，与城乡人均收入比迅速上升相一致，城乡人均收入自 20 世纪 90 年代以来开始逐渐扩大，特别是自 2000 年以来，城乡人均收入规模和城乡差距明显扩大。

5.1.2　城乡居民收入来源结构分解

　　城乡收入差距过大的问题已经严重制约了我国国民经济的健康、协调发展，而且，不断扩大的城乡收入差距导致了城乡居民消费和福利水平的巨大差异。此外，收入差距过大会导致城市和农村群体表达和追求自身利益能力与经济状况的巨大差异，进入市场前的不公平程度会进一步导致收入分配差距的扩大，降低自身的可行能力水平，阻碍人们去做自己有理由赋予价值的一定事情（即实质自由），所以，收入分配差距过大得不到有效解决的话，人们自由选择的权利就会失衡，其结果就是整个社会的"结构断裂"（詹姆斯·M. 布坎南，1989；阿玛蒂亚·森，2002；孙立平，2004）。因此，必须找到引致城乡居民收入差距扩大的原因。根据国家统计局的统计口径，我国城乡居民收入来源主要包括工资性收入、经营收入、财产性收入和转移性收入（见表 5 - 2）。

表 5 - 2   我国居民收入来源考察

城镇居民收入来源	农村居民收入来源
工资性收入	工资性收入
经营净收入	家庭经营纯收入
财产性收入	财产性收入
转移性收入	转移性收入

资料来源：《中国统计年鉴（2013）》。

自 2000 年以来城乡居民人均收入构成及占总收入比重情况见表 5 - 3。如表 5 - 3 所示，对于城镇居民而言，工资性收入是其收入的主要来源，2000～2012 年间，工资性收入占城镇居民人均可支配收入的比重最高是 2000 年的 71.2%，最低为 2012 年的 64.3%，平均比重为 68.4%；而转移性收入是城镇居民的第二大收入来源，其占比呈现逐年增加之势，由 2000 年的 22.9% 上升到 2012 年的 23.6%。

表 5 - 3   2000 年以来我国城乡居民各项收入来源所占比重

年份	城镇居民各项收入来源所占比重（%）				农村居民各项收入来源所占比重（%）			
	工资性	经营性	财产性	转移性	工资性	经营性	财产性	转移性
2000	71.2	3.9	2.0	22.9	31.2	63.3	2.0	3.5
2001	70.3	4.0	2.0	23.7	32.6	61.7	2.0	3.7
2002	70.2	4.1	1.2	24.5	33.9	60.0	2.1	4.0
2003	70.7	4.5	1.5	23.3	35.0	58.8	2.5	3.7
2004	70.6	4.9	1.6	22.9	34.0	59.5	2.6	3.9
2005	68.9	6.0	1.7	23.4	36.1	56.7	2.7	4.5
2006	68.9	6.4	1.9	22.8	38.3	53.8	2.8	5.1
2007	68.7	6.3	2.3	22.7	38.6	53.0	3.1	5.4
2008	66.2	8.5	2.3	23.0	38.9	51.2	3.1	6.8
2009	65.7	8.1	2.3	23.9	43.3	49.0	3.2	7.7
2010	65.2	8.1	2.5	24.2	41.1	47.9	3.4	7.6
2011	64.3	9.2	2.7	23.8	42.5	46.2	3.3	8.1
2012	64.3	9.5	2.6	23.6	43.5	44.6	3.1	8.7

资料来源：《中国统计年鉴》。

而对于农村居民而言，家庭经营收入是其收入主要来源，2000~2012 年间，经营收入占农村居民人均纯收入的比重最高为 2000 年的 63.3%，最低为 2012 年的 44.6%，平均比重为 54.3%，呈现逐年下降的趋势；工资性收入是农村居民纯收入的第二大收入来源，其占农村居民人均收入的比重逐年增加，由 2000 年的 31.2% 上升至 2012 年的 43.5%，与家庭经营收入基本持平。而农村居民获得的转移性收入虽然在逐年增加，但与城镇居民相比，无论是规模还是比重均明显偏低。

5.1.3 城乡收入差距基尼系数测算与分解

1. 城乡收入差距的基尼系数测算

基尼系数是联合国用以衡量收入分配差异程度的相对量统计指标，由意大利统计学家基尼在 1912 年首次提出。随后许多学者在基尼的基础上提出不同的有关基尼系数的计算及其分解，作为对收入差距的度量。有关城乡基尼系数的计算方法可以分为三种：一是根据基尼的定义；二是计算基尼系数的来源；三是城乡分解法。每一种方法根据数据是否分组又有不同的计算方法。本书的目的是测算城乡收入差距基尼系数，因此，采用城乡分解法，不仅可以计算全国的基尼系数，同时还可以反映城乡之间不平等对全国收入不平等的贡献度。其测算公式为：

$$G = \alpha G_u + \beta G_r + G_{ur} \qquad (5-1)$$

其中 $\alpha = y_u p_u$，$\beta = y_r p_r$，G_u 是城镇内部基尼系数，G_r 是农村内部基尼系数，G_{ur} 是城乡之间的基尼系数，$y_u(y_r)$ 是城镇（农村）收入比重，$p_u(p_r)$ 是城镇（农村）人口比重。

但是，如果统计样本中出现农村样本中某收入组的平均收入高于城镇样本某收入组的平均收入，则

$$G = \alpha G_u + \beta G_r + G_{ur} + G_0 \qquad (5-2)$$

其中 G_0 是城镇和农村样本收入重叠项，夏洛克斯等（Shorrocks et al.，2005）在使用（5 - 1）式计算基尼系数的前提条件是城乡两个群体之间收入分布没有重叠，否则基尼系数会被低估。

进一步，根据桑卓姆（Sundrum，1990）提出的分组加权法，（5 - 1）式和（5 - 2）式可以分解成：

$$G = p_u^2 \frac{Y_u}{Y} G_u + p_r^2 \frac{Y_r}{Y} G_r + \frac{p_u p_r |Y_u - Y_r|}{Y} + (G_0) \qquad (5 - 3)$$

其中 Y_u，Y_r，Y 分别代表城镇居民、农村居民和全国居民的平均收入。式中关于 G_u、G_r 的计算采用第二种方法根据基尼系数的来源，即通过拟合洛伦茨曲线方程并由此求出精确的基尼系数，对于分组数据：

$$G = \frac{2}{u} \Big[\text{cov} \Big(x_i, \Big(\sum_{j=1}^{i} p_j - \frac{p_i}{2} \Big) \Big) \Big]$$

$$= \sum_{i=1}^{s} \frac{p_i x_i}{u} \Big(\sum_{j=1}^{i-1} p_j - \sum_{j=i+1}^{s} p_j \Big) \qquad (5 - 4)$$

$$G_{ur} = \frac{p_u p_r |Y_u - Y_r|}{Y} \qquad (5 - 5)$$

根据上述公式，可以计算出我国历年城乡收入差距的基尼系数。具体见表 5 - 4 和图 5 - 2。

表 5 - 4　　　　　　　　2002 ~ 2012 年各类基尼系数

年份	Gu	Gr	Gur	G	Gur/G（%）	αGu/G（%）	βGr/G（%）
2002	0.3068	0.3427	0.2754	0.4250	64.81	18.80	16.39
2003	0.3150	0.3514	0.2824	0.4355	64.85	20.16	14.99
2004	0.3233	0.3411	0.2794	0.4337	64.43	21.70	13.88
2005	0.3292	0.3470	0.2786	0.4366	63.82	22.97	13.21
2006	0.3260	0.3453	0.2797	0.4374	63.94	23.90	12.16
2007	0.3229	0.3454	0.2796	0.4379	63.85	24.99	11.16
2008	0.3289	0.3492	0.2762	0.4385	62.98	26.30	10.72
2009	0.3248	0.3563	0.2738	0.4374	62.60	27.19	10.22
2010	0.3192	0.3500	0.2636	0.4268	61.77	28.51	9.72
2011	0.3189	0.3587	0.2541	0.4203	60.47	29.83	9.70
2012	0.3062	0.3576	0.2490	0.4120	60.45	30.28	9.27

资料来源：《中国统计年鉴（2013）》。

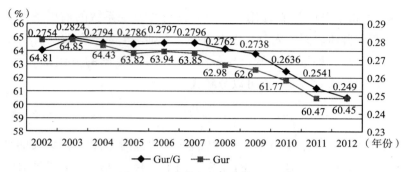

图 5 - 2　城乡收入差距基尼系数

表 5 - 4 中，$\dfrac{\alpha G_u}{G}$、$\dfrac{\beta Gr}{G}$、$\dfrac{Gur}{G}$ 分别是城市内部基尼系数、农村内部基尼系数以及城乡之间基尼系数对全国基尼系数的加权贡献率。从中可以看出，自 2002 年以来，我国城乡收入差距呈现先扩大而后下降的趋势，基尼系数由 2002 年的 0.2754 上升至 2003 年的 0.2824，虽然城乡基尼系数在 2004 ~ 2012 年间经历了小幅下降，但仍然高达 0.2490。

而从影响来看，城乡基尼系数对全国基尼系数的贡献程度则高达 60% 以上，其中最高为 64.85%，最低为 60.45%。换言之，城乡收入差距是我国收入分配差距过大的主要影响因素。

2. 不同收入构成对城乡收入差距的影响分解

由表 5 - 5 所列数据显示，工资性收入对城乡收入差距的贡献最大，转移性收入对城乡收入差距的贡献度仅次于工资性收入，财产性收入对城乡收入差距的贡献度较小，说明财产性收入对城乡收入差距影响较小，而经营性收入对城乡收入差距的贡献是负值，说明经营性收入可以缩小城乡收入差距。

表 5 - 5　　　　　不同收入来源对城乡基尼系数的贡献度　　　　单位：%

年份	工资性收入	经营净收入	财产性收入	转移性收入
2002	81.27	-9.72	1.09	30.32

续表

年份	工资性收入	经营净收入	财产性收入	转移性收入
2003	82.16	−9.19	1.28	29.07
2004	83.22	−9.80	1.37	28.93
2005	81.10	−8.35	1.48	29.80
2006	81.11	−7.71	1.73	29.12
2007	81.34	−8.42	2.20	29.27
2008	78.60	−5.74	2.08	29.64
2009	78.69	−6.29	2.07	31.19
2010	79.35	−7.83	2.24	32.64
2011	79.01	−7.59	2.63	32.88
2012	79.71	−8.07	2.54	33.07

（1）工资性收入差距对城乡收入差距的贡献度。工资性收入是指城乡居民受雇于单位或个人，靠出卖劳动而获得的收入。[1] 由表5-3可知，工资性收入是城乡居民收入的最重要组成部分，占城镇居民收入比重达65%以上，占农村居民收入比重在30%以上。

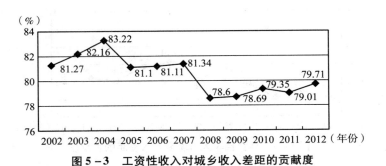

图 5-3　工资性收入对城乡收入差距的贡献度

由图5-3可知，在国家统计局公布的城乡居民四种收入组成中，工资性收入对城乡收入差距的贡献度最大。在2002~2012年间工资性收入对城乡基尼系数的贡献度最大为2002年的81.27%，

---

[1]　本章所指四种收入的定义均引自《中国统计年鉴（2013）》。

最小为 2012 年的 79.71%。由变化趋势可知，工资性收入差距对城乡基尼系数的贡献处于缓慢下降态势，主要是由于近年来城乡劳动力流动加快，大量农民工进城务工，使农民的工资性收入不断增加。由此可见，提高农村居民的工资性收入水平是缩小城乡收入差距的重要措施。

（2）经营性收入差距对城乡收入差距的贡献度。经营收入是指城乡居民进行生产筹划和管理而获得的收入，其中，农村家庭经营收入指农村住户以家庭为生产经营单位进行生产筹划和管理而获得的收入。在国家统计局公布的城乡居民四种收入组成中，经营性收入是农村居民收入最大组成部分，其占农村居民人均收入的比重 2002 年为 63.3%，2012 年为 44.6%。虽然经营性收入是农村居民收入的最主要来源，但其对农民收入的贡献却日益降低，13 年间下降 18.7 个百分点，至 2012 年，经营性收入对农村居民收入的贡献与工资性收入基本持平。可以预见，随着工资性收入的增加，经营性收入对农村居民收入的贡献将越来越小（见图 5-4）。

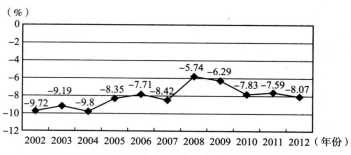

图 5-4　经营性收入对城乡收入差距的贡献度

由图 5-4 可知，经营性收入起到了缩小城乡收入差距的作用，2002 年其缩小城乡收入差距的作用为 9.72%，2012 年为 8.07%。从时间序列数据来看，经营性收入在缩小城乡收入差距方面的作用日益下降。

（3）财产性收入差距对城乡收入差距的贡献度。财产性收入是指金融资产或有形非生产性资产的所有者向其他机构单位提供资金或将有形非生产性资产供其支配，作为回报而从中获得的收入。由表5-3数据显示，财产性收入在城乡居民收入中所占比重较小，对城乡收入差距的影响也相对较小。如图5-5可知，财产性收入差距对城乡收入差距的贡献度最低为1.09%，最高为2.63%。不过，财产性收入对城乡收入差距的贡献度近年来有所升高，说明城乡财产性收入差距在扩大。

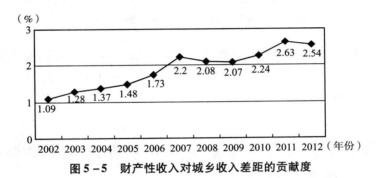

图 5 - 5　财产性收入对城乡收入差距的贡献度

（4）转移性收入差距对城乡收入差距的贡献度。转移性收入是指城乡居民无须付出任何对应物而获得的货物、服务、资金或资产所有权等，不包括无偿提供的用于固定资本形成的资金。由表5-3可知，转移性收入占城镇居民人均收入的比重由2000年的22.9%上升到2012年的23.6%，期间曾最高达到24.5%；转移性收入占农村居民人均纯收入的比重由2000年的3.5%上升到2012年的8.7%，增加了5.2个百分点。通过转移性收入在城乡居民人均收入中所占比重可知，长期以来实行的城市偏向型的政府政策导致城镇居民获得的转移性收入在规模上远远超过农村居民，是城镇居民第二大收入来源。农村居民在城市偏向型政策下在教育、医疗、养老等支出方面只能是自掏腰包，虽然近年来中央政府加大了对农村社会保障的投入力度，但这种情形并未得到根本改变，因此，导致了转移性收入差距成为继工资性收入之后影响城乡收入差距的第二因素。

图 5 - 6　转移性收入对城乡收入差距的贡献度

由图 5 - 6 所知，转移性收入对城乡收入差距的贡献度一直在 30%左右，其间 2002 年为 30.32%，2012 年则上升为 33.07%，最低为 2004 年的 28.93%。

5.2　教育人力资本差异对城乡收入差距的影响测度与分解

根据舒尔茨（1960）、明赛尔（1974）、贝克尔（1975）和关于收入分配的人力资本模型，人口总体中的平均受教育程度和教育分布状况都会影响收入分配状况，通常教育不平等与收入不平等之间存在正相关关系。从收入来源角度看，工资性收入一直是拉大我国城乡收入差距的最重要因素，而从教育不平等及人力资本差异考察，由于工资性收入与人力资本水平直接相关，因此，城乡间教育人力资本差异直接导致了城乡收入差距的扩大。所以，本节着重考察教育人力资本（受教育程度）差异对中国城乡收入差距的影响。

5.2.1　城乡教育人力资本差异对就业的影响

1. 城乡不同受教育程度与就业差异

根据第六次全国人口普查数据，2010 年年底参加经济活动的城乡 16 岁及以上居民中，正在就业人口为 6968 万人，其中，城市 3175 万人，占比为 45.6%，农村正在就业人口为 3793 万人，占比为 54.4%。其中，从学历分布来看，城乡 16 岁及以上正在就业人口学历主要分布在小学和初中两个阶段，城镇小学学历正在就业人口占全国总数的 23.7%，农村小学学历正在就业人口占全国的 76.3%；城镇初中学历正在就业人口占全国总数的 41.2%，农村初中学历正在就业人口占全国总数的 58.8%（见表 5-6）。

表 5-6　　16 岁及以上城乡人口不同受教育程度下的正在就业人口

受教育程度	全国	城镇		乡村	
		绝对规模（人）	相对比重（%）	绝对规模（人）	相对比重（%）
总计	69677870	31752797	45.6	37925073	54.4
未上过小学	2350935	374298	15.9	1976637	84.1
小学	16526824	3911358	23.7	12615466	76.3
初中	33894466	13976952	41.2	19917514	58.8
高中	9767374	6968956	71.3	2798418	28.7
大学专科	4227658	3741502	88.5	486156	11.5
大学本科	2637195	2511514	95.2	125681	4.8
研究生	273418	268217	98.1	5201	1.9

资料来源：第六次全国人口普查数据。其中，就业人口为去除非经济活动人口和失业人口后数据，下同。

虽然从 16 岁及以上正在就业人口总量上看，农村正在就业人口占 54.4%，超过了城镇所占比重（45.6%），但可以发现，农村正在就业人口的学历水平普遍偏低，由表 5-6 可知，农村 16 岁及以上正在就业人口的学历主要分布在文盲（未上过学）、小学和初中三个层次，在上述三个学历层次就业人口中，农村就业人口所占比重依次为：文盲 84.1%、小学 76.3%、初中 58.8%；而城镇人口所占比重则依次为 15.9%、23.7% 和 41.2%。这三个学历层次的农村正在就业人口占全国 16 岁及以上文盲、小学和初中正在就业人口的比重为 65.4%，占全国 16 岁及以上正在就业人口的比重为 49.5%（见图 5-7）。

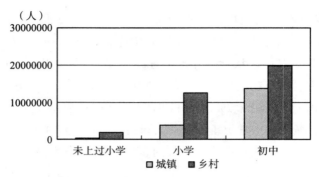

图5-7　16岁及以上城乡初中及初中以下学历正在就业人口比较

而城镇16岁及以上正在就业人口的学历则普遍分布在高中、大学专科、大学本科和研究生四个高学历层次上。由表5-6和图5-8可知，在上述四个学历层次就业人口中，农村就业人口所占比重依次为：高中28.7%、大学专科11.5%、大学本科4.8%和研究生1.9%；而城镇人口所占比重则依次为71.3%、88.5%、95.2%和98.1%。城镇16岁及以上高中、大学专科、大学本科和研究生正在就业人口占全国16岁及以上对应学历正在就业人口的比重为79.8%，占全国16岁及以上正在就业人口的比重为19.4%。

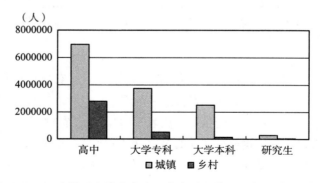

图5-8　16岁及以上城乡高中及高中以上学历正在就业人口比较

2. 城乡分行业下不同受教育程度与就业差异

与表5-6相比，表5-7更明显地揭示出城乡不同受教育程度情况下的就业差异。分行业中类的城乡就业人口中，农村就业人员主要集中在农林牧副渔、制造业、建筑业与批发和零售业，其中，农林牧副渔行业的农村就业人口占全部农村就业人口的 74.8%，占整个行业就业人口的比重更是高达 85.1%，农林牧副渔行业的城镇就业人口只占行业全部就业人口的 14.9%。而对于人力资本水平（受教育程度）要求较高的金融业、科技和勘探、教育行业等，城镇就业人员所占比重要远远高于农村就业人员。

表 5－7　　　　　全国分行业中类的城乡就业人口　　　　单位：人

行业中类	全国	城镇	乡村
总计	71547989	32185618	39362371
农、林、牧、渔业	34584219	5148797	29435422
采矿业	809350	502721	306629
制造业	12059240	8002709	4056531
电力、燃气及水的生产和供应业	495991	422944	73047
建筑业	3919862	2102956	1816906
交通运输、仓储和邮政业	2544704	1870647	674057
信息传输、计算机服务和软件业	439412	396016	43396
批发和零售业	6656937	5373021	1283916
住宿和餐饮业	1953185	1455271	497914
金融业	581162	548461	32701
房地产业	481021	447207	33814
租赁和商务服务业	491322	429773	61549
科学研究、技术服务和地质勘查业	229615	214920	14695
水利、环境和公共设施管理业	267564	222967	44597
居民服务和其他服务业	1387990	1015651	372339
教育	1650999	1379912	271087
卫生、社会保障和社会福利业	834040	713967	120073
文化、体育和娱乐业	324501	293835	30666
公共管理和社会组织	1836217	1643215	193002

资料来源：第六次全国人口普查数据。

而表 5－8 和表 5－9 则列出了不同行业内城乡不同受教育程度的就业人员分布。其中，文盲（未上过学）、小学和初中低学历层

表5-8 全国分文盲、小学、初中与行业中类的城乡就业人口

单位：人

行业中类	未上过学			小学			初中		
	合计	城镇	乡村	合计	城镇	乡村	合计	城镇	乡村
总计	2442337	387671	2054666	17071892	3999312	13072580	34916372	14197649	20718723
农、林、牧、渔业	2166108	232317	1933791	12860682	1634853	11225829	17343271	2780754	14562517
采矿业	5416	1984	3432	106006	35683	70323	405849	221922	183927
制造业	90112	43179	46933	1581914	811957	769957	6784566	4165966	2618600
电力、燃气及水的生产和供应业	959	573	386	20676	12019	8657	140389	102006	38383
建筑业	43553	20179	23374	781974	362501	419473	2371551	1172440	1199111
交通运输、仓储和邮政业	12981	7773	5208	255128	153521	101607	1388087	919499	468588
信息传输、计算机服务和软件业	642	326	316	9760	6012	3748	80098	59751	20347
批发和零售业	54900	36708	18192	735134	504866	230268	3328355	2523800	804555
住宿和餐饮业	19147	12899	6248	254425	162800	91625	1139989	807634	332355
金融业	302	242	60	6911	5473	1438	69573	57927	11646
房地产业	3500	3042	458	41012	35057	5955	161910	144678	17232
租赁和商务服务业	1978	1323	655	28185	19129	9056	144950	111474	33476
科学研究、技术服务和地质勘查业	324	226	98	5031	3364	1667	31253	24422	6831
水利、环境和公共设施管理业	6219	4538	1681	44833	31813	13020	95480	74628	20852
居民服务和其他服务业	22834	14989	7845	211548	136202	75346	791433	554433	237000
教育	2189	1567	622	27808	19880	7928	148817	108995	39822
卫生、社会保障和社会福利业	1805	1384	421	20864	14048	6816	119212	80910	38302

续表

行业中类	未上过学（文盲）			小学			初中		
	合计	城镇	乡村	合计	城镇	乡村	合计	城镇	乡村
文化、体育和娱乐业	1096	811	285	16906	12751	4155	102093	85007	17086
公共管理和社会组织	8271	3610	4661	63087	37377	25710	269412	201340	68072

资料来源：第六次全国人口普查数据。

表 5-9　全国分高中、大学专科、大学本科、研究生与行业中类的城乡就业人口分布

单位：人

行业中类	高中			大学专科			大学本科			研究生		
	合计	城镇	乡村	合计	城镇	乡村	合计	城镇	乡村	合计	城镇	乡村
总计	9924532	7036484	2888048	4263212	3767657	495555	2653730	2526273	127457	275914	270572	5342
农、林、牧、渔业	2007314	424169	1583145	171095	58023	113072	32870	17441	15429	2879	1240	1639
采矿业	185986	148510	37476	70340	61385	8955	33431	31011	2420	2322	2226	96
制造业	2418523	1917557	500966	775099	679082	96017	374151	350929	23222	34875	34039	836
电力、燃气及水的生产和供应业	164079	146961	17118	109200	102985	6215	56874	54677	2197	3814	3723	91
建筑业	489395	338980	150415	151698	132656	19042	77478	72160	5318	4213	4040	173
交通运输、仓储和邮政业	613659	528832	84827	188842	177511	11331	81679	79260	2419	4328	4251	77
信息传输、计算机服务和软件业	106916	96332	10584	118731	112639	6092	108127	105929	2198	15138	15027	111
批发和零售业	1714604	1526853	187751	579537	543450	36087	230668	223781	6887	13739	13563	176
住宿和餐饮业	416335	357694	58641	93946	86239	7707	28132	26837	1295	1211	1168	43

续表

行业中类	高中			大学专科			大学本科			研究生		
	合计	城镇	乡村	合计	城镇	乡村	合计	城镇	乡村	合计	城镇	乡村
金融业	140621	131308	9313	189668	182604	7064	157389	154306	3083	16698	16601	97
房地产业	131740	125591	6149	88014	85035	2979	51154	50154	1000	3691	3650	41
租赁和商务服务业	119402	108078	11324	101596	96362	5234	83787	82059	1728	11424	11348	76
科学研究、技术服务和地质勘查业	43039	40312	2727	54916	52850	2066	74503	73350	1153	20549	20396	153
水利、环境和公共设施管理业	59433	53465	5968	37191	34882	2309	22664	21923	741	1744	1718	26
居民服务和其他服务业	282992	237745	45247	60544	54601	5943	17824	16896	928	815	785	30
教育	297226	216635	80591	549211	446341	102870	547901	509720	38181	77847	76774	1073
卫生、社会保障和社会福利业	229025	186962	42063	282996	255221	27775	160687	156148	4539	19451	19294	157
文化、体育和娱乐业	81889	76173	5716	60210	57806	2404	56302	55315	987	6005	5972	33
公共管理和社会组织	422253	374231	48022	580279	547888	32391	457870	444138	13732	35045	34631	414

资料来源：第六次全国人口普查数据。

次的就业人员中，农村就业人员所占比重分别为 84.1%、76.6% 和59.3%，而城镇就业人员所占比重分别为 15.9%、23.4% 和40.7%，且低学历层次农村就业人员又主要工作在工资水平最低的农林牧副渔行业。

对于高中、大学专科、大学本科和研究生等高学历城乡就业人员分布中，农村就业人员依旧分布于农林牧副渔、建筑等行业。以农林牧副渔行业为例，高中及以上学历层次的农村就业人员占行业全部就业人员的比重分别为 78.9%、66.1%、46.9% 和 56.9%。而金融、教育、公共管理和社会组织等高学历要求行业，几乎全部是城镇就业人员，仅就金融行业而言，高中及以上学历层次的城镇就业人员占行业全部就业人员的比重分别为 93.4%、96.3%、98.0% 和99.4%，农村就业人员所占比重极低。

上述信息说明，从城乡就业情况来看，农村就业人员主要从事低学历要求的农林牧副渔行业，并且对于特定行业而言，随着学历层次（受教育程度）的提高，农村就业人员所占比重逐渐下降。与农村就业人员的受教育程度及其就业特点不同的是，城镇就业人员主要从事学历要求较高的行业，如金融、教育、科技勘探和公共管理和社会组织等行业，且随着学历层次的提高，城镇就业人员所占比重快速提高。

5.2.2 城乡教育人力资本差异对工资性收入的影响

从收入来源角度看，工资性收入一直是拉大城乡收入差距的最重要因素，而从教育不平等及人力资本差异考察，由于工资性收入与人力资本水平直接相关，因此，城乡间教育人力资本差异直接导致了城乡收入差距的扩大。

1. 城乡人均工资性收入差距

由于城乡就业人员受教育程度的差异，导致了城乡就业人员行业分布呈现农村低工资、城市高工资的特点，因此，城乡工资性收入分配的结果便是城镇工资水平高于农村工资水平。

由表 5 – 10 可知，城镇人均工资性收入要远远高于农村人均工资性收入水平，从城乡人均工资时间序列数据来看，2000 ~ 2012 年间，城镇人均工资性收入是农村人均工资性收入的 5 ~ 7 倍，个别年份已经超过了 7 倍。

表 5 – 10　　　　　　　　　城乡人均工资性收入比较　　　　　　单位：元

年份	城镇人均工资性收入	乡村人均工资性收入	城乡工资性收入比
2000	4480.50	702.30	6.4
2001	5098.63	771.90	6.6
2002	5739.96	840.22	6.8
2003	6410.22	918.38	7.0
2004	7152.76	998.46	7.2
2005	7797.54	1174.53	6.6
2006	8766.96	1374.80	6.4
2007	10234.76	1596.22	6.4
2008	11298.96	1853.73	6.1
2009	12382.11	2061.25	6.0
2010	13707.68	2431.05	5.6
2011	15411.91	2963.43	5.2
2012	17335.62	3447.46	5.0

资料来源：《中国统计年鉴》。

2. 城乡分行业中类工资性收入差距

根据表 5 – 8 和表 5 – 9 信息，农村就业人员主要从事低学历、低工资的农林牧副渔行业，并且对于特定行业而言，随着学历层次（受教育程度）的提高，农村就业人员所占比重逐渐下降。与农村就业人员的受教育程度及其就业特点不同的是，城镇就业人员主要从事学历要求和工资水平较高的行业，如金融、教育、科技勘探和公共管理与社会组织等行业，城镇就业人员所占比重逐步增加，其工资和收入水平也逐渐提高。

　　由表 5 - 11 可知，由于农村就业人员主要分布于学历层次和工资水平最低的农林牧副渔行业，该行业平均工资水平是所有 19 个行业中类中工资水平最低的，由于农村就业人员主要集中于该行业（农村就业人口占整个行业就业人口的比重是 85.1%），因此，从总量来看，农村就业人员工资总额超过了城镇就业人员。除此之外，其他行业城镇就业人员的工资总额均高于农村就业人员工资总额。

表 5 - 11　　　　全国分行业中类的城乡就业人口与工资总额比较

行业中类	行业平均工资（元）	城镇		乡村	
		就业人口（人）	工资总额（元）	就业人口（人）	工资总额（元）
总计	36539	32185618	1176030296102	39362371	1438261673969
农、林、牧、渔业	16717	5148797	86072439449	29435422	492071949574
采矿业	44196	502721	22218257316	306629	13551775284
制造业	30916	8002709	247411751444	4056531	125411712396
电力、燃气及水的生产和供应业	47309	422944	20009057696	73047	3455780523
建筑业	27529	2102956	57892275724	1816906	50017605274
交通运输、仓储和邮政业	40466	1870647	75697601502	674057	27276390562
信息传输、计算机服务和软件业	64436	396016	25517686976	43396	2796264656
批发和零售业	33635	5373021	180721561335	1283916	43184514660
住宿和餐饮业	23382	1455271	34027146522	497914	11642225148
金融业	70146	548461	38472345306	32701	2293844346
房地产业	35870	447207	16041315090	33814	1212908180
租赁和商务服务业	39566	429773	17004398518	61549	2435247734
科学研究、技术服务和地质勘查业	56376	214920	12116329920	14695	828445320
水利、环境和公共设施管理业	25544	222967	5695469048	44597	1139185768
居民服务和其他服务业	28206	1015651	28647452106	372339	10502193834
教育	38968	1379912	53772410816	271087	10563718216
卫生、社会保障和社会福利业	40232	713967	28724320344	120073	4830776936
文化、体育和娱乐业	41428	293835	12172996380	30666	1270431048
公共管理和社会组织	38242	1643215	62839828030	193002	7380782484

　　资料来源：《第六次全国人口普查数据》；《中国统计年鉴》。

图 5-9 和图 5-10 是城乡就业人员分行业工资总额及其比较情况。除农林牧副渔行业之外，城镇就业人员工资总额均高于农村就业人员，其中，金融、房地产与科学研究技术服务和地质勘查行业城镇就业人员工资总额是农村就业人员的 13～17 倍，而其他诸如公共管理和社会组织、文化体育和娱乐、教育和制造等行业城乡就业人员工资总额是农村就业人员的 2～10 倍。

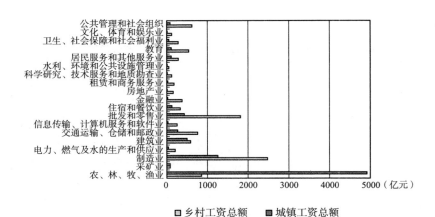

图 5-9　分行业中类城乡工资总额

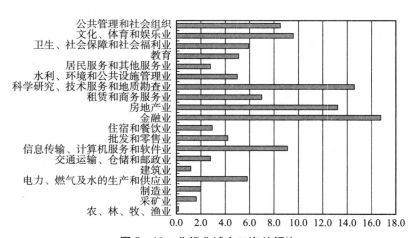

图 5-10　分行业城乡工资总额比

上述数据证明，城乡教育人力资本（受教育程度）差异导致了城乡人口就业行业的差别，最终引致城乡工资性收入的巨大差距。学术界的有关研究则进一步证明了本书的结论。根据陈斌开等（2010）依据明塞尔模型（Mincer Model）利用 Oaxaca – Blinder 方法对城乡劳动收入差距的分解结果显示（见表 5 – 12），教育是城乡收入差距最重要的贡献因素，其贡献度达 43.92%。更进一步，教育年限差异对城乡劳动收入差异的贡献为 0.511，贡献度达 34.69%；教育回报差异对城乡劳动收入差距的贡献为 0.136，贡献度达 9.23%。陈斌开等的分析结果表明，城乡教育投资水平差异是导致城乡收入差距的最重要因素。其他学者的研究也支持了"教育是导致城乡收入差距最重要的因素"的观点（陈钊、陆铭、金煜，2004；白雪，2004；Secular 等，2007；杨俊、黄潇、李晓羽，2008）。

表 5 – 12　　　　　教育差异与城乡工资收入差距

	城市		农村		Oaxaca 分解结果	
	系数	均值与标准差	系数	均值与标准差	大小	百分比
劳动收入		11534 (7978)		3876 (4502)	1.473	100.00
教育	0.077 ***	11.51 (2.96)	0.048 ***	7.91 (2.48)	0.647	43.92
经验	0.037 ***	20.35 (9.45)	– 0.001	22.98 (11.59)	0.274	18.60
经验平方	– 0.001 ***		– 0.0003 ***		0.103	6.99
性别	0.181 ***		0.141 ***		0.017	1.15
婚姻状况	0.096 ***		0.270 ***		0.029	1.97
民族	0.003		0.122 ***		– 0.046	– 3.12
中共党员	0.177 ***		0.270 ***		0.043	2.92
省份虚拟变量	控制		控制		0.193	13.10
常数	7.320 ***		6.897 ***		0.213	14.46
样本数	9414		8613			
调整 R^2	0.2491		0.1842			

注：***、**、* 分别表示在 1%、5% 和 10% 置信水平上显著。

资料来源：陈斌开，张鹏飞，杨汝岱. 政府教育投入、人力资本投资与中国城乡收入差距 [J]. 管理世界，2010（1）：36 – 43.

由于城乡间教育人力资本差异是造成城乡收入差距最重要的因素，根据明塞尔和贝克尔等人的人力资本理论，教育支出可以提高人力资本水平进而提高收入水平，因此，加大农村教育支出规模是提高农村人力资本进而提高农村收入水平和缩小城乡收入差距的最重要措施。

5.3　本章小结

本章的主要任务是考察城乡收入差距的动态演变、城乡居民不同的收入来源、城乡收入差距基尼系数测度与分解以及因教育人力资本差异而造成的城乡就业和工资水平的差距。

首先，本章考察城乡收入差距的动态数据、城乡居民不同的收入来源。统计数据显示，城乡人均收入比由 1978 年的 2.6 上升到 2012 年的 3.1。根据国家统计局的统计口径，我国城乡居民收入来源包括工资性收入、经营收入、财产性收入和转移性收入，对于城镇居民而言，工资性收入是其收入的主要来源，2000～2012 年，工资性收入占城镇居民人均可支配收入的比重最高为 2000 年的 71.2%，最低为 2012 年的 64.3%，平均比重为 68.4%；而转移性收入是城镇居民的第二大收入来源，其占比呈现逐年提高之势，由 2000 年的 22.9% 上升到 2002 年的 24.5%，之后稍有下降，到 2012 年，其比重为 23.6%。而对于农村居民而言，家庭经营收入是其收入主要来源，2000～2012 年，经营收入占农村居民人均纯收入的比重最高为 2000 年的 63.3%，最低为 2012 年的 44.6%，平均比重为 54.3%，呈现逐年下降的趋势；工资性收入是农村居民纯收入的第二大收入来源，其占农村居民人均收入的比重逐年增加，由 2000 年的 31.2% 上升至 2012 年的 43.5%，与家庭经营收入基本持平。而农村居民获得的转移性收入虽然在逐年增加，但与城镇居民相比，无论是规模还是比重均明显偏低。

其次，对城乡收入差距进行基尼系数测算和分解。结果显示，自 2002 年以来，我国城乡收入差距呈现先扩大而后下降的趋势，基尼系数由 2002 年的 0.2754 上升至 2003 年的 0.2824，虽然城乡基尼系数在 2004~2012 年经历了小幅下降，但仍然高达 0.2490。而从不同收入构成对城乡基尼系数的贡献测算来看，工资性收入差距对城乡基尼系数的贡献最大，在 2002~2012 年间工资性收入差距对城乡基尼系数的贡献度最大为 2002 年的 81.27%，最小为 2012 年的 79.71%。由此可见，提高农村居民的工资性收入水平是缩小城乡收入差距的最主要措施。转移性收入差距对城乡基尼系数的贡献度仅次于工资性收入，其贡献度一直在 30% 左右，其间 2002 年为 30.32%，2012 年则上升为 33.07%，最低为 2004 年的 28.93%。可见，提高农村居民的转移性收入水平是缩小城乡收入差距的第二关键措施。财产性收入差距对城乡基尼系数的贡献度较小，说明财产性收入对城乡收入差距影响较小，其贡献度最低为 1.09%，最高为 2.63%。不过，财产性收入差距对城乡基尼系数的贡献度近年来有所升高，说明城乡财产性收入差距在扩大。而经营性收入对城乡基尼系数的贡献是负值，说明经营性收入可以缩小城乡收入差距。2002 年其缩小城乡收入差距的作用为 9.72%，2012 年为 8.07%。从时间序列数据来看，经营性收入在缩小城乡收入差距方面的作用日益下降。

最后，本书根据第六次全国人口普查数据检验了因教育人力资本差异而造成的城乡就业和工资水平的差距。从城乡就业情况来看，农村就业人员主要从事低学历要求的农林牧副渔行业，并且对于特定行业而言，随着学历层次（受教育程度）的提高，农村就业人员所占比重逐渐下降。与农村就业人员的受教育程度及其就业特点不同的是，城镇就业人员主要从事学历要求较高的行业，如金融、教育、科技勘探与公共管理和社会组织等行业，且随着学历层次的提高，城镇就业人员所占比重也逐步提高。由于农村就业人员主要分布于学历层次和工资水平最低的农林牧副渔行业，该行业平均工资水平是所有 19 个行业中类中工资水平最低的，由于农村就业人员主要集中于该行业（农村就业人口占整个行业就业人口的比重是 85.1%），因此，从行业工资总额来看，农村就业人员工资总额超过了城镇就业人员。除此之外，其他行业城镇就业人员的工资总额均高于农村就业人员工资总额。除农林牧副渔行业之外，城镇就业人员工资总额均高于农村就业人员，其中，金融、房地产与科学研究、技术服务和地质勘查行业城镇就业人员工资总额是农村就业人员的 13～17 倍，而其他诸如公共管理和社会组织、文化体育和娱乐、教育和制造等行业城乡就业人员工资总额是农村就业人员的 2～10 倍。

第 6 章

中国式财政分权、教育支出偏向与城乡收入差距的实证检验

现代内生经济增长理论认为，技术创新是经济增长的源泉，而劳动分工程度和专业化人力资本的积累是决定技术创新水平高低的最主要因素。根据发达国家的实践，人力资本的积累和增加对经济增长与社会发展的贡献远比物质资本、劳动力数量增加重要得多。而就我国而言，人力资本对经济增长的作用日益显现。根据吴沛和李克俊（2007）的研究，在影响经济增长的因素中，人力资本的贡献大于物质资本与劳动投入。[①] 而张焕明（2007）基于教育效率水平创新模型的研究指出，人力资本通过对技术吸收与创新能力的作用，可以缩小落后地区与发达地区的经济发展差距。[②] 尽管我国人力资本存量比较丰富，促进经济增长的作用也日益显现，然而人力资本却存在着地区、城乡之间的巨大差异，其对经济增长的带动作用也受到了制约，特别是在中国式财政分权下，由于地方政府教育支出偏向城市，使得农村人力资本水平、农村人力资本生产贡献和收入水平远远低于城市，扩大了城乡收入差距。本章将通过实证检

[①] 吴沛，李克俊. 中国经济增长影响因素的实证分析 [J]. 统计与决策，2007 (10).

[②] 张焕明. 经济增长趋同：基于教育效率的水平创新模型的实证分析 [J]. 财经研究，2007 (9).

验证明上述观点。

6.1 城乡人力资本与经济增长关系的实证检验

6.1.1 城乡人力资本存量比较

高韵和罗有贤（2010）利用未来收益法（也叫现值法）[①] 计算出了 1978~2005 年我国城乡人力资本存量情况（见表 6-1）。根据该表数据可知，城乡人力资本存量在 1992 年之前表现为农村大于城镇，此时，农村人力资本存量为 2.1 万亿元，城镇人力资本存量为 1.18 万亿元；从 1993 年开始城镇人力资本存量则远远大于农村，此时，农村人力资本存量为 5.34 万亿元，而城镇人力资本存量为 5.81 万亿元。

表 6-1 城乡人力资本存量比较

年份	绝对数（万亿元）		人均数（元）		年份	绝对数（万亿元）		人均数（元）	
	城镇	农村	城镇	农村		城镇	农村	城镇	农村
1978	1.18	2.10	6843	2658	1987	3.65	4.97	13189	6089
1979	1.39	2.47	7516	3125	1988	3.70	3.85	12910	4674
1980	1.67	2.78	8725	3494	1989	4.66	4.90	15775	5892
1981	1.79	3.21	8874	4017	1990	4.20	5.32	13910	6323
1982	2.01	3.85	9358	4802	1991	4.66	5.27	14934	6228
1983	2.21	4.40	9922	5450	1992	5.28	5.39	16410	6341
1984	2.69	4.90	11200	6099	1993	5.81	5.34	17514	6257
1985	2.85	4.93	11357	6105	1994	6.47	5.67	18935	6618
1986	3.40	4.93	12895	6076	1995	6.98	6.29	19844	7318

[①] 关于人力资本存量的测度，存在以下三种方法：未来收益法：其基本思想是人力资本的货币价值等于未来每年预期收入的现值总和；累计成本法：认为人力资本价值等于对人的一切支出的总和；教育存量法：以受教育程度来描述人力资本的水平，一般选取受教育年限作为衡量指标（钱雪亚，2011）。

续表

年份	绝对数（万亿元）		人均数（元）		年份	绝对数（万亿元）		人均数（元）	
	城镇	农村	城镇	农村		城镇	农村	城镇	农村
1996	7.50	6.81	20105	8004	2001	12.9	7.38	26839	9276
1997	8.20	7.09	20786	8423	2002	15.3	7.64	30471	9765
1998	9.15	7.29	21991	8767	2003	17.3	7.85	33030	10215
1999	10.5	7.44	24001	9069	2004	19.3	8.40	35554	11096
2000	11.7	7.42	25487	9179	2005	21.9	9.02	38960	12100

资料来源：高韵，罗有贤．城乡人力资本存量与经济增长的动态效应分析［J］．西北人口，2008（5）：55 - 58．

而从人均人力资本存量来看，则城镇人力资本水平远远高于农村人力资本水平。城乡人均人力资本水平差距由 1990 年的 2.2 倍上升到 1994 年的 2.9 倍，之后略有下降，进入 2000 年以来，城乡人力资本差距开始逐渐扩大，由 2000 年的 2.8 倍上升到 2005 年的 3.2 倍，处于不断扩大的趋势（见图 6 - 1）。

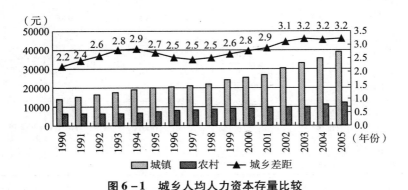

图 6 - 1　城乡人均人力资本存量比较

6.1.2　城乡人力资本经济增长贡献差异

由于城乡巨大的人力资本差距，必然导致城乡人力资本对经济增长的不同贡献程度。下面，文章对经济增长（以 GDP 表示）、城镇人力资本存量和农村人力资本存量进行格兰杰因果检验，以厘清城乡人力资本与经济增长之间的关系（见表6-2）。

表6-2　　　　城乡人力资本与经济增长格兰杰检验结果

原假设	滞后阶数 1 · F-(P)①	滞后阶数 1 · 检验结果②	滞后阶数 2 · F-(P)	滞后阶数 2 · 检验结果	滞后阶数 3 · F-(P)	滞后阶数 3 · 检验结果	滞后阶数 4 · F-(P)	滞后阶数 4 · 检验结果
HV1 非G-影响 GDP	11.91 (0.00)	HV1 单向 G-影响 GDP	5.77 (0.01)	HV1 单向 G-影响 GDP	3.93 (0.03)	HV1 单向 G-影响 GDP	3.23 (0.04)	HV1 单向 G-影响 GDP
GDP 非G-影响 HV2	0.76 −0.39 (0.33)		1.17 (0.52)		0.78 (0.52)		1.19 (0.36)	
HV1 非G-影响 HV2	1.05 −0.32	GDP 单向 G-影响 HV2	1.76 (0.20)	GDP 单向 G-影响 HV2	1.37 (0.28)	GDP 单向 G-影响 HV2	0.92 (0.48)	GDP 单向 G-影响 HV2
HV2 非G-影响 HV1	7.12 −0.01		3.8 (0.04)		3.83 (0.00)		6.70 (0.00)	
HV1 非G-影响 K	5.35 (0.03)	HV2 单向 G-影响 HV1	2.89 (0.08)	HV2 单向 G-影响 HV1	3.24 (0.05)	HV2 单向 G-影响 HV1	0.92 (0.11)	HV2 单向 G-影响 HV1
HV2 非G-影响 HV1	1.32 (0.26)		5.07 (0.02)		6.54 (0.00)		3.95 (0.02)	
HV1 非G-影响 K	5.03 (0.03)	HV1 单向 G-影响 K	8.36 (0.00)	双向 G-影响 K 因果关系	4.21 (0.02)	双向 G-影响 K 因果关系	2.69 (0.07)	无 G-因果关系
K 非G-影响 HV1	3.28 (0.08)		5.32 (0.14)		3.79 (0.03)		2.07 (0.14)	
HV2 非G-影响 K	(0.180) (0.19)	无 G-因果关系	2.1 (0.15)	无 G-因果关系	22.85 (0.00)	HV2 单向 G-影响 K	17.33 (0.00)	HV2 单向 G-影响 K
K 非G-影响 HV2	3.86 (0.06)		1.9 (0.17)		1.36 (0.29)		1.04 (0.42)	

注：HV1 代表城镇人力资本存量，HV2 代表农村人力资本存量。（1）F-表示假设检验中采用的 F-统计量，括号内 P 值为 F-统计量的显著性概率，当 P 值小于相应的显著性水平时，拒绝原假设。（2）表中各检验结论均在 5% 的显著性水平下得出。

资料来源：高韵，罗书贤. 城乡人力资本存量与经济增长的动态效应分析 [J]. 西北人口，2006（5）：55-58.

根据表6-2的格兰杰因果检验结果可知：

首先，城镇人力资本存量与 GDP 在滞后一至四期内始终存在单项的格兰杰因果关系，这说明城镇人力资本积累对经济发展具有显著且持续的带动作用；而农村人力资本存量与 GDP 的关系检验中，GDP 对农村人力资本存量存在因果影响，而农村人力资本存量对 GDP 并没有构成直接变化的原因，说明农村人力资本存量水平过低，无法对 GDP 增长形成长期的贡献。

其次，关于人力资本存量与物质资本的因果关系检验可以发现人力资本对 GDP 的间接影响。在模型滞后一至三期内，城镇人力资本存量是物质资本变化的直接原因。这说明，城镇人力资本规模与质量的不断提高提升了劳动者的生产率和创新能力，提高了物质资本的产出效益，并构成物质资本存量变化的直接原因。

上述格兰杰因果检验结果说明，城乡人力资本经济增长贡献的差异是地方政府教育支出偏向城市的根本原因。具体而言，由于城市的人力资本规模大于农村，且城市具有远远优于农村的基础设施和物质资本，甚至是过度的基础设施投资，因此，追加城镇人力资本投资可以实现人力资本边际产出递增，换言之，城镇人力资本对经济的拉动作用要远远大于农村。这就成为中国式财政分权下增长竞争型地方政府实行城市偏向的教育支出政策的根本动力。为促进城市经济的快速发展，地方政府一方面不仅要加大城市基础设施建设，另一方面还要扩大城市的人力资本投资规模以适应城市经济发展的需要，而人力资本投资偏向城市的直接结果是农村人力资本水平增长受到制约，农村经济增长贡献率下降，最终的结果是农民收入水平的下降和城乡的收入差距扩大。

6.2 中国式财政分权、教育支出偏向与城乡收入差距的统计检验

为验证中国式财政分权及其增长型激励机制对地方政府教育支出和城乡收入差距的影响，本书首先利用统计分析方法对中国式财

政分权、教育支出偏向与城乡收入差距进行统计检验，以得到初步的证明。

6.2.1 财政分权的衡量

财政分权领域的研究发展至今已有半个多世纪，然而文献对如何恰当地测量分权程度却没有得到一致意见。现有文献经常采用的是 3 个指标："支出指标（expenditure index）"、"收入指标（revenue index）"及"财政自主度指标（fiscal autonomy index）"。前两个指标可以用地方财政收入（支出）占整个国家财政收入（支出）的比重来描述。第三个指标也叫做"财政自给率（self-reliance ratio）"，表示地方政府自有收入占本级政府总支出的比重，该比率衡量了地方政府依靠自有收入为其支出融资的能力（Ebel et al, 2002）。

1. 收入指标

从收入角度衡量财政分权，其计算公式为：

$$财政分权_{it} = \frac{省本级预算内财政收入_{it}}{中央本级或全国财政预算收入_t} \qquad (6-1)$$

其中下标 i 表示省份，t 表示时间。该公式的分子和分母也可以用人均标准化，以此控制人口因素对财政资源分配的影响。另外，在人均标准化情形中，也有研究将分母修正为中央本级收入和省本级收入之和，即全国财政预算内收入。

2. 支出指标

从支出角度衡量财政分权，其计算公式为：

$$财政分权_{it} = \frac{省本级预算内财政支出_{it}}{中央本级或全国财政预算支出_t} \qquad (6-2)$$

3. 财政自主度指标

从财政自主角度衡量财政分权，其计算公式为：

$$财政自主度_{it} = \frac{省本级预算内财政收入_{it}}{省本级预算内财政总支出_t} \qquad (6-3)$$

省本级收入和来自中央政府的转移支付构成了省级政府在该预算年度的总财政支出，也就是（6-3）式中的分母。上述3个指标都没有考虑预算外财政收入和支出。以（6-3）式为例，如果考虑预算外情况，则公式的分母部分应当加上"省级政府预算外财政支出"，分子则加上"预算外财政收入"。一般情况下，省级政府的预算外财政收入往往大于预算外财政支出。因此，由（6-3）式计算得到的指标值实际上轻微低估了地方政府真实的财政自主度。同时，由于缺少非预算（除预算内和预算外）财政收支的数据，上述公式也没有考虑非预算的情况。

6.2.2 中国式财政分权与城乡收入差距的动态演进

根据上述3个公式，文章分别计算了衡量中国财政分权程度的支出指标、收入指标和财政自主度指标。如图6-2所示，1994年分税制财政体制改革后地方财政收入所占比重迅速下降，由1993年的78%下降到1994年的44.3%，2012年为52.1%，基本上处于50%的水平。而地方财政承担的一般预算支出比重却逐年增加，由1994年的69.7%提高到2012年的85.1%，增加了15.4%。

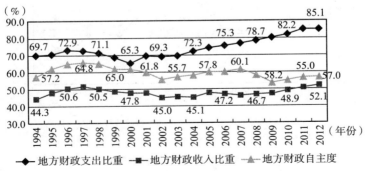

图6-2　1994年以来中国的财政分权情况

　　与此同时，地方财政自主水平总体上呈现下降趋势，1994 年的地方财政自主度为 57.2%，虽然之后略有上升，达到 1997 年的 66%，但之后一直下降，直至 2012 年的 57%。[①] 从上述 3 个指标可以看出，地方财政存在很大程度的财政缺口，与不断下降的收入水平和财政自主度相反，地方政府的财政支出责任却迅速上升。

　　结合中国式财政分权的实际，同时考虑数据的可获性，本书选取支出指标来考察我国的财政分权程度。该指标在目前国内相关研究中得到广泛的应用。它所体现的财政分权含义是，与中央政府相比，地方政府承担的支出责任以及配置和使用的财政资金规模的大小。根据（6-2）式计算出了 1994 年分税制财政体制改革以来的财政支出分权情况。由图 6-2 可知，地方政府所承担的一般预算内财政支出比重日益增加，特别是 2000 年以来，地方支出责任比重呈现快速增加的势头。

　　与此同时，1994 年以来，城乡收入差距亦呈现逐渐扩大的趋势，城乡人均收入比由 1994 年的 2.9 扩大到 2012 年的 3.1，最高达到 3.3。通过图 6-2 所示财政支出分权和表 5-1 所示城乡收入差距数据计算的二者变化系数比较可知，伴随着财政分权化改革和地方财政支出自主权的不断增加，中国的城乡收入差距也在不断扩大（见图 6-3），这说明，财政分权赋予地方政府财政支出自主权

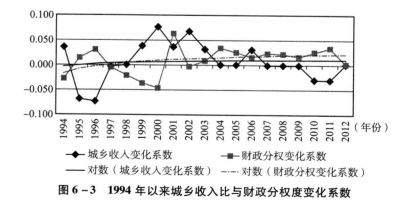

图 6-3　1994 年以来城乡收入比与财政分权度变化系数

①　数据来源：《中国统计年鉴（2013）》。

的同时，在增长型激励机制下的地方政府在缺少有效监督约束的情况下可以选择自己偏好的支出类型，忽视了对农村教育等公共品的供给，导致城乡收入差距不断扩大。

6.2.3 地方财政教育支出偏向城市的统计检验

1. 中国教育支出分权回顾

根据经典分权理论，全国性公共品由中央政府负责提供是有效率的，地方政府只负责提供受益范围限于本辖区的地方性公共品。由于教育——特别是基础教育——具有全国性公共品的特点，中央政府应该承担更大的支出责任。然而，长期以来，由于财政体制的不健全和不完善，中央和地方的教育事权与支出责任划分长期处于不科学、不合理的状态，地方政府基本上承担了包括基础教育在内的全部的教育支出责任，中央政府仅承担高等教育（主要是部属高等院校）的支出责任，而具有纯公共品性质的基础教育却完全由地方政府承担支出。如图 6 - 4 所示，长期以来地方政府承担的教育支出责任比例都在 92% 以上，特别是近年来不断上升，最高达95%，几乎承担了全部的教育公共品供给。

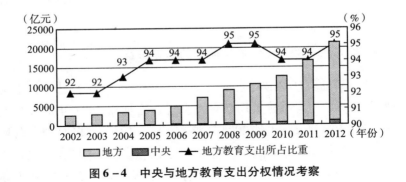

图 6 - 4　中央与地方教育支出分权情况考察

从分项教育支出来看，中央政府只承担普通教育中的高等教育的支出责任，而学前教育、小学教育、初中教育和高中教育支出责任由地方政府——主要是县市级基层政府——负责。由于小学、初中等基础教育属于全国性的纯公共品，中央政府理应承担更多的支出责任，但我国的情况却并非如此（见表6-3）。

表6-3　　　　　普通教育支出分权情况考察　　　　　单位：亿元

	2012 年			2011 年			2010 年		
	全国	中央	地方	全国	中央	地方	全国	中央	地方
学前教育	632.7	2.1	630.6	310.1	0.9	309.1	191.9	1.5	190.4
小学教育	5258.9	6.2	5252.7	4241.2	5.6	4235.6	3519.9	3.9	3516.0
初中教育	3537.1	5.4	3531.7	2915.3	10.1	2905.2	2462.5	4.2	2458.4
高中教育	1697.9	14.5	1683.3	1282.2	6.7	1275.5	989.1	5.1	984.0
高等教育	3461.9	943.7	2518.2	2738.3	901.8	1836.6	1766.8	612.1	1154.7

资料来源：财政部预算司历年全国财政决算数据。

因此，在监督制约机制缺位、财政体制不健全的情况下，教育事权的过度下放会产生诸多不利影响。首先，由于人口流动性问题，会导致教育的成本投入与收益的不对称，致使地方政府缺乏提供城乡均等的教育公共品的内在动力；其次，中国式财政分权造成了地方政府为增长而竞争，大量教育资源投入到城市而非农村经济的发展中，人为造成了城乡教育公共品供给差异，从而进一步扩大了城乡收入差距。

2. 地方政府教育支出偏向城市的总体考察

（1）基础教育支出的城乡差异。如表6-4所示，城镇初中生均教育经费投入与农村生均教育经费投入之比由1997年的2.0上升到2004年的2.5，虽然2005年略有下降，但仍然高达2.2。与城乡生均教育投入相对应的是，城乡收入差距也在逐年扩大，二者之比由1997年的2.5上升到2005年的3.2，城乡收入差距呈现不断扩大的趋势。

表 6 - 4   政府教育投入、人力资本投资与城乡收入差距

年份	初中生均教育经费投入			初中在校学生数（每万人）			收入比较		
	城镇	农村	比例	城镇	农村	比例	城镇	农村	比例
1997	1679	843	2.0	597.8	345.3	1.7	5160	2090	2.5
1998	1814	886	2.1	579.9	365.3	1.6	5425	2162	2.5
1999	1839	962	1.9	589.3	393.2	1.5	5854	2210	2.7
2000	2123	880	2.4	626.1	417.9	1.5	6280	2253	2.8
2001	2137	884	2.4	721.0	386.1	1.9	6860	2366	2.9
2002	2386	1014	2.4	727.4	390.7	1.9	7703	2476	3.1
2003	2758	1129	2.4	688.7	403.9	1.7	8472	2622	3.2
2004	3067	1220	2.5	631.3	412.3	1.5	9422	2936	3.2
2005	3301	1487	2.2	634.0	367.8	1.7	10493	3255	3.2

资料来源：陈斌开，张鹏飞，杨汝岱. 政府教育投入、人力资本投资与中国城乡收入差距 [J]. 管理世界，2010（1）：36 - 43.

虽然近年来政府加大了对农村的教育投入，但城乡间的政府教育经费支出仍然存在很大差距。

如表 6 - 5 和表 6 - 6 所示，无论是预算内还是预算外的教育经费支出都存在城乡之间的较大差距。以初中和小学为例，农村初中教育经费支出仅占全国水平的56%，农村小学教育经费支出仅占全国水平的65% 左右。尽管与2005 年之前相比城乡基础教育投入差距在逐渐下降，但依然存在很大的差别。这也从另一方面说明政府对义务教育的投入可以缩小城乡基础教育的非均等化程度。

表 6 - 5   各级各类教育经费支出城乡差距情况   单位：千元

	2008 年			2007 年		
	全国	农村	比例	全国	农村	比例
普通初中	253732085	142232444	1.8	205131278	110575357	1.9
普通小学	353256325	228838713	1.5	292971105	187924011	1.6

资料来源：《中国教育经费统计年鉴（2009）》。

表 6 - 6　　　　　　　　各级各类预算内教育事业费支出

城乡差距情况　　　　　　单位：千元

	2008 年			2007 年		
	全国	农村	比例	全国	农村	比例
普通初中	186529703	115266700	1.6	146408851	90261858	1.6
普通小学	275917079	190253832	1.5	225568066	157153639	1.4

资料来源：《中国教育经费统计年鉴（2009）》。

不仅是基础教育经费支出存在城乡差异，基础教育经费收入也同样存在城乡之间的差别，农村基础教育经费收入水平依然过低（见表 6 - 7 ~ 表 6 - 9）。

表 6 - 7　　　　　　各级各类教育经费收入城乡差距情况　　　单位：千元

	2008 年			2007 年		
	全国	农村	比例	全国	农村	比例
普通初中	252175585	142823948	1.8	205472807	110430731	1.9
普通小学	355070365	229819148	1.5	294829746	188346641	1.6

资料来源：《中国教育经费统计年鉴（2009）》。

相比较于教育经费支出和收入而言，政府预算内教育基础设施投资的城乡差别更大。以 2007 年为例，普通初中教育基本建设支出的全国水平是农村的 2.4 倍，普通小学为 2.1 倍，即使 2008 年，相应比例依然高达 1.8。

表 6 - 8　　　　　　　　各级各类预算内教育基本建设支出

城乡差距情况　　　　　　单位：千元

	2008 年			2007 年		
	全国	农村	比例	全国	农村	比例
普通初中	5409388	3081873	1.8	2861043	1211227	2.4
普通小学	3147841	1730103	1.8	2490204	1180948	2.1

资料来源：《中国教育经费统计年鉴（2009）》。

目前，城乡教育基础设施投资差别突出地表现在城乡生均教学仪器设备方面（尤其是科学和数学教学仪器）。全国 1/3 以上地区的中小学生均教学仪器设备值的城乡差距继续扩大，小学生均教学仪器设备值城乡之比达 2.9∶1。基础教育城乡差距还体现在教学仪器达标学校比例和建网学校比例上。这表明，改善农村中小学的教学仪器设备、普及现代教学设施，是加大对农村基础教育投入，改善农村学校办学条件的重点。

表 6 – 9　　　　　　　　　基础教育城乡办学条件比较

		农村		城市		城乡差距	
		2006 年	2007 年	2006 年	2007 年	2006 年	2007 年
小学	自然仪器达标学校比例（%）	51.7	53.1	73.0	73.8	21.3	20.7
	建网学校比例（%）	7.6	8.7	51.1	55.3	43.5	46.6
	百名学生拥有计算机台数（台）	3.1	3.3	7.5	7.7	4.4	4.4
普通初中	理科实验仪器达标学校比例（%）	71.6	72.8	76.4	77.9	4.7	5.1
	建网学校比例（%）	28.6	32.4	58.3	62.3	29.7	29.9
	百名学生拥有计算机台数（台）	4.9	5.5	7.7	8.0	2.8	2.5

资料来源：教育部发展规划司：《全国教育事业发展简明统计分析（2007）》。

（2）高中及以上政府教育支出的城乡差距。目前，我国城乡间政府教育投入差别随着学历层次的逐渐提高而快速增加。如表 6 – 10 和表 6 – 11 所示，尽管高中层次的预算内与预算外各种教育经费支出城乡差距逐年下降，但农村高中层次教育经费支出远远低于全国平均水平，高中层次教育经费支出的全国平均水平是农村的大约 8 倍。

表 6 – 10　　　各级各类教育经费支出城乡差距情况　　　单位：千元

	2008 年			2007 年		
	全国	农村	比例（%）	全国	农村	比例（%）
职业高中	42944503	5468909	7.9	34256238	3923618	8.7
普通高中	152791137	20555667	7.4	136738983	17171814	8.0

资料来源：《中国教育经费统计年鉴（2009）》。

表 6 – 11　　　　　　各级各类预算内教育事业费支出
城乡差距情况　　　　　　单位：千元

	2008 年			2007 年		
	全国	农村	比例（%）	全国	农村	比例（%）
职业高中	22095423	2943431	7.5	16655018	1993651	8.4
普通高中	73045195	10547345	6.9	61038282	8441131	7.2

资料来源：《中国教育经费统计年鉴（2009）》。

与高中层次教育经费支出相同，城乡间也存在巨大的教育经费收入差别。无论是普通高中还是职业高中，全国水平的教育经费投入均是农村的 8 倍左右，2007 年的职业高中全国教育经费支出是农村水平的近 6.9 倍。而政府高中教育基础设施投资的城乡差别更是高达 26 倍，存在巨大的城乡差别（见表 6 – 12）。

表 6 – 12　　　　　　各级各类预算内教育基本建设支出
城乡差距情况　　　　　　单位：千元

	2008 年			2007 年		
	全国	农村	比例（%）	全国	农村	比例（%）
职业高中	774140	112839	6.9	509737	30990	16.4
普通高中	3022081	227092	13.3	2822236	109520	25.8

资料来源：《中国教育经费统计年鉴（2009）》。

根据上述经验证据，可以证明，随着学历层次的逐渐提高，政府教育投入的城乡间差别将越来越大，已有实证研究也证明了这一点。白菊红（2006）对 2001 年东部沿海地区和中部 2 个省份的实证结果表明，户主文化程度为高中以上的可显著增加农户家庭人均纯收入，初中和小学文化程度的户主对家庭人均纯收入没有显著影响。王姮（2006）的实证研究表明，农村劳动力的教育结构对农民人均纯收入有显著的正向影响，且从小学到大学依次渐增，影响系数分别为 14.916、25.88、30.631、184.329。吴愈晓（2013）的研究也发现，[①] 初中升学机会的城乡差异没有变化，高中和大学升学

---

① 吴愈晓. 中国城乡居民的教育机会不平等及其演变（1978～2008）[J]. 中国社会科学，2013（3）.

机会的城乡不平等有扩大趋势。

当教育成本增加和教育的预期收益（相对于进入劳动力市场）下降时，农村居民、低教育家庭或子女数量较多的家庭由于教育资源限制或缺乏文化资本机制，更容易作出放弃教育的"理性"决策。而地方政府教育投入的城市偏向必然导致城乡居民升学机会与受教育水平的差异，致使城乡收入差距不断上升。第 5 章的统计检验已经证明上述观点。

6.3 中国式财政分权、 教育支出偏向与城乡收入差距的计量检验

为进一步验证中国式财政分权对城乡收入差距的影响，本书建立含有财政分权指标的计量模型，检验财政分权对城乡收入差距的影响。

6.3.1 模型设定与数据说明

本书以 1990 ~ 2010 年的中国时间序列数据为基础[①]，就中国式财政分权、教育支出偏向对城乡收入差距的影响进行计量检验。

关于财政分权对城乡收入差距的影响研究，建立如下形式的回归模型：

$$uricj_t = \sum_j \alpha fd_t + \sum_k \beta_k edu_{kt} + \sum_n \lambda_n X_{nt} + \varepsilon_t \quad (6-4)$$

（6-4）式中，下标 t 代表第 t 年，α、β、η 为回归系数，ε_t 是残差项。$uricj_t$ 代表城乡收入差距指标，包括城乡人均可支配收入比（urigap）和城乡人均工资性收入比（wagegap）两类；[②] 核心解释变量分为两大类：fd 表示财政分权指标；edu 表示城乡教育经

---

① 由于《中国统计年鉴（2013）》中预算外支出数据仅列示到 2010 年，故本书时间序列数据只能选到 2010 年。

② 部分计量回归中，wagegap 以解释变量形式检验对 urigap 的影响。

费投入差异指标。X 是控制变量。具体解释变量的含义及计算方法见表 6 - 13。

表 6 - 13　　　　　　　　　各变量含义

变量	计算方式	含义
被解释变量		
urigap	城镇人均可支配收入/农村人均纯收入	城乡收入差距总度量指标
wagegap	城镇人均工资性收入/农村人均工资性收入	城乡初次分配差距
核心解释变量		
fd_1	地方预算内财政支出/全国预算内财政支出	小口径财政分权指标
fd_2	地方预算内、外财政支出/全国预算内、外财政支出	大口径财政分权指标
localedu	地方财政教育支出/全国教育支出水平	教育支出分权度
pedugap	城镇小学生均教育经费投入/农村小学生均教育经费投入	城乡小学教育经费投入差距
jedugap	城镇初中生均教育经费投入/农村初中生均教育经费投入	城乡初中教育经费投入差距
控制变量		
urban	非农业人口/总人口	城市化水平
ecopen	进出口贸易总额/GDP	经济开放度
govexp	政府支出/GDP	政府对经济的干预程度

模型所需资料来源于历年《中国农村统计年鉴》、《中国统计年鉴》、《中国教育统计年鉴》、《中国教育经费统计年鉴》。

6.3.2　变量描述性统计

表 6 - 14 是文章计量模型所用变量的描述性统计。其中，城乡收入差距的变化区间为 2.2 ~ 3.33，表明城乡收入差距较大。而城乡工资收入差距则在 5.64 ~ 10.06 之间，说明城乡工资收入差距过大。无论是小口径财政分权还是大口径财政分权，其分权度均值在 70% 以上，说明我国地方政府承担了较高的预算内和预算外财政支出。而城乡小学生均教育经费差距均值为 1.27，初中生均教育经费

差距均值为 1.02。城乡基础教育生均教育经费差距在逐渐缩小，主要是近年来政府加大了对农村的教育投入力度。

表 6-14   变量描述性统计

Variable	Obs	Mean	Std. Dev.	Min	Max
urigap	21	2.8871430	0.3600714	2.20	3.33
wagegap	21	7.3314290	1.3441220	5.64	10.06
fd_1	21	0.7214286	0.0440779	0.65	0.82
fd_2	21	0.7419048	0.0525946	0.63	0.83
localedu	21	0.9019048	0.0334094	0.85	0.95
urban	21	0.3666667	0.0782517	0.26	0.50
ecopen	21	0.4371429	0.1182008	0.30	0.65
govexp	21	0.1623810	0.0337498	0.11	0.22
pedugap	21	1.2733330	0.3769925	0.64	1.85
jedugap	21	1.0228570	0.4840263	0.29	1.75

6.3.3 回归结果分析

本书应用 Stata12.0 进行计量检验。首先采用小口径财政分权指标检验财政分权对城乡收入差距的影响。由于模型变量选取较多，为保持回归结果的准确性，本书在计量回归过程中分别对财政分权、城乡基础教育差距和相关控制变量进行了多种组合回归（如表 6-15 所示）。本书主要以模型（1）为基础对计量结果进行分析。

表 6-15   小口径财政分权的检验结果

	(1) urigap	(2) urigap	(3) urigap	(4) urigap
fd1	-1.668 (-2.07)	-2.067 (-1.00)	-0.884 (-0.45)	-0.0285 (-0.02)
wagegap	0.146 *** (6.17)	0.171 *** (4.96)	0.184 ** (3.41)	0.190 ** (3.82)

续表

	（1） urigap	（2） urigap	（3） urigap	（4） urigap
ecopen	1.342 *** （7.02）	0.886 ** （3.78）		1.330 ** （3.66）
govexp	4.526 *** （5.71）	2.786 * （2.76）		0.963 （0.61）
urban	8.267 *** （8.83）		3.478 （1.66）	
pedugap	− 0.0965 （− 0.69）	− 0.173 （− 0.82）	0.259 （0.86）	0.339 （1.10）
jedugap	1.061 *** （8.71）	1.001 *** （5.47）	1.451 *** （5.42）	0.870 * （2.86）
_cons	9.283 *** （7.90）	5.440 *** （5.14）	4.013 * （2.26）	4.998 * （2.82）
R^2	0.9915	0.9788	0.9232	0.9353

注：t statistics in parentheses。其中，＊：$p < 0.05$，＊＊：$p < 0.01$，＊＊＊：$p < 0.001$。

根据模型（1）的回归结果，由于影响系数为负，说明小口径财政分权可以缩小城乡收入差距，但在统计上不显著，说明财政分权没有真正缩小我国城乡收入差距。

工资性收入差距对城乡收入差距具有显著的正向作用，说明城乡工资收入差异扩大了城乡收入差距；城乡小学教育经费投入差异对城乡收入差距的影响为负，但在统计上不显著，这主要是近年来城乡小学教育投入差距在不断缩小，而且，小学学历对就业工资和城乡收入差距的影响较弱；城乡初中阶段教育经费差异显著扩大了城乡收入差距，这表明，随着学历层次的提高（从小学到初中），加大对农村教育投入可以缩小城乡收入差距；而经济开放度显著地扩大了城乡收入差距，这主要是随着经济开放程度的提高，城镇居民获得的收益远远大于农村居民，导致城乡收入差距扩大；城市化对城乡收入差距具有显著的正向影响，说明城市化扩大了城乡收入差距，与经济开放度一样，这主要是因为随着城市化的加快城镇居民获得的收益远远大于农村居民，导致城乡收入差距扩大；政府对经济的干预程度总体上扩大了城乡收入差距。

小口径财政分权回归结果表明，财政分权虽然可以缩小城乡收入差距，但影响效果不显著；城乡工资性收入差异造成了城乡收入差距的扩大；随着受教育程度的提高，城乡收入差距开始扩大，这与第 5 章统计检验结论一致。

表 6－16 的回归结果是大口径财政分权对城乡收入差距的影响。以模型（1）为基础对计量结果进行分析。与小口径财政分权不同的是，当加入预算外财政支出时，大口径财政分权显著地扩大了城乡收入差距，这主要是因为地方政府对预算外财政支出具有自主支配权，且预算外财政支出主要用于城市基础设施建设等方面，即所谓的"预算内保运转，预算外搞建设"，从而进一步加剧了地方政府城市偏向的支出结构。

表 6－16　　　　　　大口径财政分权的检验结果

	（1） urigap	（2） urigap	（3） urigap	（4） urigap
fd2	2.708 ** (3.44)	0.315 (0.38)	0.624 (0.54)	2.390 * (2.78)
wagegap	0.135 ** (3.90)	0.162 *** (4.34)	0.119 * (2.39)	0.176 *** (5.38)
ecopen	1.612 * (2.87)	1.218 ** (3.65)	1.302 * (2.77)	1.809 ** (3.12)
govexp	6.459 * (2.96)	3.554 * (2.82)	7.129 ** (3.78)	4.713 (2.06)
urban	9.663 *** (5.86)	2.370 (1.25)		1.320 (0.40)
pedugap	0.0608 (0.19)	0.192 (0.99)	0.0801 (0.35)	

续表

	(1) urigap	(2) urigap	(3) urigap	(4) urigap
jedugap	1.686 *** (4.24)	1.647 ** (3.73)		
_cons	3.868 (1.23)	5.219 * (2.83)	7.596 * (2.51)	0.705 (0.25)
R^2	0.9099	0.9668	0.9342	0.8711

注：t statistics in parentheses。其中，＊：$p < 0.05$，＊＊：$p < 0.01$，＊＊＊：$p < 0.001$。

与表 6-15 的回归结果一致，工资收入依然显著地扩大城乡收入差距；小学教育经费差异虽然扩大了城乡收入差距，但影响不显著；初中教育经费差异对城乡收入差距的影响显著，这主要是预算外投入的更大城市偏向造成城乡人力资本差异和城乡收入差距的扩大；经济开放度、城市化和政府对经济的干预程度均显著地扩大了城乡收入差距。

为进一步检验财政分权对城乡收入差距的影响，以城乡工资性收入差距为被解释变量，以财政分权等指标为解释变量进行回归。由于模型变量选取较多，为确保回归结果的稳健性，在计量回归过程中进行了多种组合回归，结果见表 6-17。

表 6-17　　　　小口径财政分权对城乡工资收入差距的影响检验

	(1) wagegap		(2) wagegap
fd1	22.92 * (2.73)	fd1	17.16 ** (3.09)
localedu	-20.47 (-1.65)	localedu	-12.33 (-0.86)
pedugap	-5.004 (-2.50)	pedugap	3.663 (2.80)
jedugap	6.214 * (2.63)	jedugap	5.861 * (2.52)

续表

	(1) wagegap		(2) wagegap
urban	− 28. 60 ** (− 3. 79)	urban	− 33. 74 ** (− 2. 33)
ecopen	6. 388 ** (3. 51)	ecopen	5. 685 *** (3. 06)
govexp	22. 15 * (2. 25)	govexp	2. 927 (0. 33)
_cons	32. 32 ** (3. 30)	_cons	1. 803 (0. 14)
R^2	0.9157	R^2	0.8935

注: t statistics in parentheses。其中, * : $p < 0.05$, ** : $p < 0.01$, *** : $p < 0.001$。

根据表 6 – 17, 小口径财政分权对扩大城乡工资收入差距具有显著的正向作用, 说明地方政府长期以来实行城市偏向型教育支出政策造成城乡教育人力资本差异, 从而扩大了城乡工资收入差距;

而教育支出分权程度 (localedu) 的提高虽然对城乡工资收入差距具有负向影响, 但统计上不显著, 这主要是因为地方政府长期实行的城市偏向型教育支出政策的原因, 这也进一步说明有必要改变目前以县级财政为主的教育投入体制, 中央和省级政府应该承担更多的教育投入责任;

预算内小学教育经费差异对城乡工资收入差距的影响效果不确定;① 初中教育经费差异显著地扩大了城乡工资收入差距; 与表 6 – 15 和表 6 – 16 不同的是, 城市化可以显著地缩小城乡工资收入差距, 这主要是因为城市化吸纳了大量农村剩余劳动力, 增加了农民的工资收入, 从而有利于缩小城乡工资收入差距; 经济开放度对城乡工资收入差距具有显著的正向影响, 这主要是因为以进出口贸

---

① 我国预算内财政支出比较透明, 特别是在科学发展观和 "五个统筹" 的要求下, 地方政府近年来加大了对农村的教育投入力度, 例如农村义务教育化债、农村中小学危房改造、农村义务教育阶段学生免除学杂费、对贫困家庭学生免费提供课本和补助寄宿生生活费等, 一定程度上缓解了城乡教育支出差异。

易为代表的经济开放主要惠及了城镇居民,增加了城镇居民的就业机会和工资收入;政府对经济活动的干预也扩大了城乡工资性收入差距。

表 6 – 18 的回归结果是大口径财政分权对城乡工资收入差距的影响。由结果可知,大口径财政分权显著地扩大了城乡工资收入差距;而教育支出分权度并没有显著地缩小城乡收入差距;与表 6 – 17 不同的是,当加入预算外财政因素时,城乡小学教育经费差距总体上并没有显著地缩小城乡工资收入差距;城乡初中教育经费差距显著地扩大了城乡工资收入差距;城市化可以显著地缩小城乡工资收入差距;经济开放度对城乡工资收入差距具有显著的正向影响;政府对经济活动的干预扩大了城乡工资性收入差距。

表 6 – 18   大口径财政分权对城乡工资收入差距的影响检验

	(1) wagegap		(2) wagegap
fd2	14. 11 * (2. 67)	fd2	15. 12 * (2. 33)
localedu	− 10. 28 (− 0. 87)	localedu	− 4. 543 (− 0. 30)
pedugap	− 6. 284 (− 0. 90)	pedugap	2. 398 (1. 81)
jedugap	5. 255 * (2. 89)	jedugap	4. 121 * (2. 67)
urban	− 29. 00 ** (− 3. 72)	urban	− 32. 42 * (− 2. 98)
ecopen	7. 299 ** (3. 83)	ecopen	6. 828 * (2. 89)
govexp	25. 49 * (2. 35)	govexp	− 14. 41 (− 0. 68)
_cons	21. 57 * (2. 19)	_cons	− 4. 295 (− 0. 31)
R^2	0. 9144	R^2	0. 8905

注: t statistics in parentheses。其中, * : $p < 0.05$, ** : $p < 0.01$, *** : $p < 0.001$。

6.4 中国式财政分权、教育支出偏向与城乡收入差距的关联检验

由于现有文献所采用的均是计量检验，其缺点在于，无法对城乡收入差距的具体影响因素和影响程度的大小进行系统排序，此外，已有研究并没有涉及城乡居民初次分配问题。为克服已有研究的不足并充分说明政府城市偏向型教育支出对城乡收入差距的影响，[①] 本书采用灰色关联分析法进行实证检验，包括城乡居民总体收入差距、城乡居民初次分配差距两部分。

6.4.1 灰色关联分析

灰色关联分析解决的主要问题是在包含多种因素的系统中，找出影响系统的主要因素，分清事物的主次矛盾，同时得到各因素的影响程度，以有效地控制系统的运行，推动、挖掘需要发展的、潜在的因素，阻碍需要抑制的因素。其基本思路是对发展态势的量化比较分析，因此，其序列曲线几何形态越相似，则发展变化态势越接近，因而关联程度就越大，反之则反是。具体计算方法如下。

假设有一组序列：

$$X_0 = (x_0(1), x_0(2), \cdots, x_0(n))$$
$$X_1 = (x_1(1), x_1(2), \cdots, x_1(n)), \cdots,$$
$$X_i = (x_i(1), x_i(2), \cdots, x_i(n)), \cdots,$$
$$X_m = (x_m(1), x_m(2), \cdots, x_m(n))$$

其中，X_0 为参考数列，反映系统行为特征的数据序列；X_i 为比较数列，影响系统行为的因素组成的数据序列。在进行关联度测

---

① 传统城乡二元经济结构是造成城乡收入差距的主要因素，而改革开放之后特别是 20 世纪 90 年代以来，伴随着我国经济的快速发展和城市化进程的加快，越来越多的文献研究开始注重政府城市偏向型经济政策对城乡收入差距的影响。具体可参考：陶然，刘明兴. 中国城乡收入差距，地方政府开支及财政自主 [J]. 世界经济文汇，2007 (2).

算之前，首先要对原始数据进行无量纲化处理，以避免各因素之间数量级相差较大，同时还要求所有数列各曲线有公共交点，所以通常的做法是对数据进行初值化或者均值化，本文采用初值化对数据做相应处理。然后依据公式计算关联系数：

$$\zeta_i(k) = \frac{\min\limits_{i}\min\limits_{k}|X_0(k) - X_i(k)| + P\max\limits_{i}\max\limits_{k}|X_0(k) - X_i(k)|}{|X_0(k) - X_i(k)| + P\max\limits_{i}\max\limits_{k}|X_0(k) - X_i(k)|}$$

令

$$\Delta_i(k) = |X_0(k) - X_i(k)|$$

则

$$\zeta_i(k) = \frac{\min\limits_{i}\min\limits_{k}\Delta_i(k) + P\max\limits_{i}\max\limits_{k}\Delta_i(k)}{\Delta_i(k) + P\max\limits_{i}\max\limits_{k}\Delta_i(k)}$$

其中，$\zeta_i(k)$ 是 X_i 与 X_0 的第 k 个指标的关联系数，$k = 1, \cdots, n$；P 为分辨系数，通常取值为 0.5，则 X_i 与 X_0 的关联度则为：

$$\gamma_i = \frac{1}{n}\sum_{k=1}^{n}\zeta_i(k)$$

最后根据获得的 m 个关联度值，按其值大小排列起来，得到一组关联序，其反映了各因素对系统的关联程度。

6.4.2 灰色关联度检验结果

灰色关联检验使用的数据和变量名称与计量检验一致，其代表符号如表 6-19 所示。

表 6-19　　城乡收入差距影响因素的统计指标及含义

主要指标	计算方式	代表符号
小口径财政分权，fd1	地方预算内财政支出/全国预算内财政支出	X1
大口径财政分权，fd2	地方预算内、外财政支出/全国预算内、外财政支出	X2
教育支出分权度，localedu	地方财政教育支出/全国教育支出水平	X3

续表

主要指标	计算方式	代表符号
城乡小学教育经费投入差距，pedugap	城镇小学生均教育经费投入/农村小学生均教育经费投入	X4
城乡初中教育经费投入差距，jedugap	城镇初中生均教育经费投入/农村初中生均教育经费投入	X5
城市化水平，urban	非农业人口/总人口	X6
经济开放度，ecopen	进出口贸易总额/GDP	X7
政府对经济活动的干预程度，govexp	地方政府支出/GDP	X8

1. 财政分权与城乡人均收入差距的总体检验

关于财政分权与城乡收入差距的总体关联检验结果如表 6 - 20 所示。

表 6 - 20 　　　　各解释变量与城乡收入差距的灰色关联检验结果

代表符号	解释变量	灰色关联度
X1	fd1	0.893
X8	govexp	0.857
X2	fd2	0.850
X5	jedugap	0.850
X6	urban	0.834
X3	localedu	0.762
X7	ecopen	0.640
X4	pedugap	0.623

财政分权与政府经济干预对城乡收入差距的影响。其中，fd1 与城乡居民收入差距的关联度最高，达到 0.893，说明对城乡收入差距的影响最为显著；fd2 的关联度为 0.850，影响仅次于 fd1；教育支出分权（localedu）与城乡收入差距的关联度为 0.762；地方政府经济活动干预度（govexp）对城乡收入差距影响的关联度为 0.857，仅次于 fd1，说明地方政府经济活动干预度显著地扩大了城

乡收入差距。上述关联结果表明，无论是财政分权还是政府对经济活动的干预均显著地扩大了城乡收入差距，其原因就在于，财政分权度越高、地方政府支出规模越大，地方政府的政策自主性就越强，地方政府对经济活动的干预也越强，城市偏向程度就会越来越大，从而显著地扩大了城乡收入差距。

地方教育支出对城乡收入差距的影响。城乡初中教育经费差距（jedugap）与城乡收入差距的关联度为 0.850，相比于小学教育经费差距（pedugap，关联度 0.623），城乡初中教育经费差距对城乡收入差距的影响更为显著，其主要原因是随着基础教育普及和政府投入的提高，农村小学教育已基本全面覆盖，以生均教育经费比为代表的城乡小学教育投入差距在不断缩小，而且，随着市场经济对教育人力资本要求的不断提高，小学教育程度差异对城乡就业和工资收入的影响越来越弱。该事实也表明，随着学历层次的提高，加大对农村教育支持力度和提高农民人力资本水平可以缩小城乡收入差距。

城市化与经济开放度对城乡收入差距的影响。城市化率（urban）的关联度值为 0.834，说明地方政府主导的城市化显著地扩大了城乡收入差距；而经济开放度指标（ecopen）的关联度值为 0.623，与城市化率相比，影响相对较弱。与财政分权和政府经济活动干预指标相比，城市化和经济开放度对城乡收入差距的影响相对较弱，其主要原因在于，伴随着城市经济的快速发展和经济开放程度的提高，劳动力等要素流动加快，农民同样可以提高自身的收入水平，从而缩小城乡收入差距。这也进一步说明，逐渐打破城乡户籍制度限制，加快城乡劳动力流动可以有效地缩小城乡收入差距。

2. 财政分权、政府教育支出偏向与城乡初次收入分配差距

城乡初次收入分配差距主要是指城乡居民工资性收入差距。长期以来地方政府城市偏向型的教育支出政策导致城乡人力资本水平的巨大差异，由于教育回报率的不断提高，高度偏向城市的政府教育支出的必然结果就是由教育产生的收入也一定是偏向城市的，从而造成城乡居民初次分配差距的扩大。因此，为了更好地检验财政分权

下城市偏向型教育支出政策对城乡初次分配差距的影响，本书利用关联检验选取相关变量进行了实证检验。结果如表 6 - 21 所示。

表 6 - 21　　各解释变量与城乡初次收入分配差距的灰色关联度结果

代表符号	解释变量	灰色关联度
X3	localedu	0.837
X7	pedugap	0.780
X2	fd2	0.773
X1	fd1	0.751
X8	jedugap	0.739
X6	govexp	0.709

教育支出分权度（localedu）对城乡初次分配差距的影响程度最大，关联结果为 0.837；城乡小学和初中生均教育经费差距对城乡初次分配差距的关联影响结果为 0.780 和 0.739；小口径和大口径财政分权因素对城乡初次分配差距影响的关联度结果为 0.773 和 0.751；而政府经济活动干预度对城乡初次分配差距影响的关联度结果为 0.709。上述结果说明，过度的教育支出分权（教育支出分权度指标）使地方政府具有更大的教育支出自主权，而城市偏向型政策激励导致地方政府教育支出的城市偏向，高度偏向城市的政府教育投入（城乡生均教育经费指标）扩大了城乡居民的人力资本差距，市场起点的不公平直接产生了城乡初次分配差距；而地方政府城市偏向型经济政策（财政分权和政府干预度指标）使具有较高人力资本水平的城市居民获得了更多的工资收入，间接扩大了城乡居民的工资收入水平。这与本书统计分解的结果是一致的。

6.5　本章小结

本章格兰杰因果检验结果说明，城乡人力资本经济增长贡献的差异是地方政府教育支出偏向城市的根本原因。具体而言，由于城市的人力资本规模大于农村，且城市具有远远优于农村的基础设施和物质资本，甚至是过度的基础设施投资，因此，追加城镇人力资本投资可以实现人力资本边际产出递增，换言之，城镇人力资本对经济的拉动作用要远远大于农村。这就成为中国式财政分权下增长竞争型地方政府实行城市偏向的教育支出政策的根本动力。而教育支出偏向城市的直接结果就是农村人力资本水平增长受到制约，农村经济增长贡献率下降，最终的结果就是农村收入水平的下降和城乡之间巨大的收入差距。

为进一步证明上述结论，本书先后进行了统计、计量和灰色关联检验。统计检验证明，伴随着财政分权化改革和地方财政支出自主权的不断增加，中国的城乡收入差距也在不断扩大。这说明，财政分权赋予地方政府财政支出自主权的同时，在增长型激励机制激励下的地方政府在缺少有效监督约束的情况下可以选择自己偏好的支出类型，忽视了对农村教育等公共品供给，导致城乡人力资本差异和收入分配差距，致使城乡收入差距不断扩大。

计量检验表明，财政分权并没有显著地缩小城乡收入差距，这主要是地方政府城市偏向型支出政策造成的；大口径财政分权显著地扩大了城乡收入差距，这主要是因为地方政府对预算外财政支出具有自主支配权，且预算外财政支出主要用于城市基础设施建设，进一步加剧了地方政府城市偏向的支出结构；城乡工资性收入差异造成了城乡收入差距的扩大；经济开放度、城市化以及政府对经济活动的干预显著地扩大了城乡收入差距；无论是大口径还是小口径指标，财政分权对扩大城乡工资收入差距具有显著的正向作用，说明地方政府长期以来实行城市偏向型教育支出政策造成城乡教育人力资本差异，从而扩大了城乡工资收入差距；教育支出分权程度的提高虽然对城乡工资收入差距具有负向影响，但统计上不显著，这主要是因为地方政府长期实行的城市偏向型教育支出政策的原因，这也进一步说明有必要改变目前以县级财政为主的教育投入体制，中央和省级政府应该承担更多的教育投入责任；城市化可以显著地缩小城乡工资收入差距，这主要是因为城市化吸纳了大量农村剩余劳动力，增加了农民的工资收入；经济开放度、政府对经济活动的干预对城乡工资收入差距具有显著的正向影响，这主要是因为以进出口贸易为代表的经济开放主要惠及了城镇居民，增加了城镇居民的就业机会和工资收入。

而本书灰色关联检验则进一步说明，财政分权下地方政府城市偏向型支出政策显著地扩大了城乡收入差距。其中，小口径财政分权与城乡居民收入差距的关联度最高，达到 0.893，说明对城乡收入差距的影响最为显著；大口径财政分权的关联度为 0.850，影响仅次于小口径财政分权；教育支出分权与城乡收入差距的关联度为 0.762；地方政府经济活动干预度对城乡收入差距影响的关联度为 0.857，仅次于 fd1，说明地方政府经济活动干预度显著地扩大了城乡收入差距；城乡初中教育经费差距与城乡收入差距的关联度为 0.850，相比于小学教育经费差距（pedugap，关联度为 0.623），城乡初中教育经费差距对城乡收入差距的影响更为显著，该事实也表明，随着学历层次的提高，加大对农村教育支持力度和提高农民人力资本水平可以缩小城乡收入差距。

由于教育回报率的不断提高，高度偏向城市的政府教育支出的必然结果就是由教育产生的收入也一定是偏向城市的，从而造成城乡居民初次分配差距的扩大。关联检验表明，教育支出分权度对城乡初次分配差距的影响程度最大，关联结果为 0.837；城乡小学和初中生均教育经费差距对城乡初次分配差距的关联影响结果为 0.780 和 0.739；小口径和大口径财政分权因素对城乡初次分配差距影响的关联度结果为 0.773 和 0.751；而政府经济活动干预度对城乡初次分配差距影响的关联度结果为 0.709。上述结果说明，过度的教育支出分权使地方政府具有更大的教育支出自主权，高度偏向城市的政府教育投入扩大了城乡居民的人力资本差距，市场起点的不公平直接产生了城乡初次分配差距。

第 7 章

结论、政策建议与研究展望

本章在理论与实证分析的基础上，系统梳理中国式财政分权影响城乡收入差距的研究结论，并基于中国财政分权的视角提出改善城乡收入差距的具体对策建议，即通过改革现有财政分权下的增长型激励机制，完善财政分权体制，加快有关监督制约机制建设，从根本上改变地方政府城市偏向型的财政支出结构，增加对农村教育公共品供给力度，对改变城乡收入差距而言具有重要作用。

7.1 主要结论

7.1.1 工资性收入差异是城乡收入差距最主要的影响因素

我国城乡收入差距在不断扩大，城乡人均收入比由 1978 年的 2.6 上升到 2012 年的 3.1；城乡基尼系数由 2002 年的 0.2754 上升至 2003 年的 0.2824，虽然在 2004~2012 年间经历了小幅下降，但仍然高达 0.2490。从收入来源视角看，在不断扩大的城乡基尼系数背后，城乡收入差距是由不同的收入差异造成的。

　　根据国家统计局的统计口径，我国城乡居民收入来源包括工资性收入、经营收入、财产性收入和转移性收入。对于城镇居民而言，工资性收入是其收入的主要来源，2000～2012 年，工资性收入占城镇居民人均可支配收入的比重最高为 2000 年的 71.2%，最低为 2012 年的 64.3%，平均比重为 68.4%。而对于农村居民而言，工资性收入是农村居民纯收入的第二大收入来源，其占农村居民人均收入的比重逐年增加，由 2000 年的 31.2% 上升至 2012 年的43.5%，与家庭经营收入基本持平。而统计分解表明，在 2002～2012 年工资性收入差距对城乡基尼系数的贡献度最大为 2002 年的81.27%，最小为 2012 年的 79.71%，成为影响城乡收入差距的第一大因素。由变化趋势可知，工资性收入差距对城乡收入差距的贡献处于逐年下降态势，主要是由于近年来城乡劳动力流动加快，大量农民工进城务工，使农民的工资性收入不断增加。可见，提高农村居民的工资性收入水平是缩小城乡收入差距的最主要措施。本计量检验也证明，随着学历层次的提高，加大对农村教育投入可以缩小城乡收入差距。

7.1.2　教育人力资本差异是城乡居民工资性收入差距的主要原因

　　从学历分布来看，城乡 16 岁及以上正在就业人口学历主要分布在小学和初中两个阶段，城镇小学学历正在就业人口占全国总数的 23.7%，农村小学学历正在就业人口占全国的 76.3%；城镇初中学历正在就业人口占全国总数的 41.2%，农村初中学历正在就业人口占全国总数的 58.8%。农村 16 岁及以上正在就业人口的学历主要分布在文盲（未上过学）、小学和初中 3 个层次，在上述 3 个学历层次就业人口中，农村就业人口所占比重依次为：文盲84.1%、小学 76.3%、初中 58.8%；而城镇人口所占比重则依次为 15.9%、23.7% 和 41.2%。这 3 个学历层次的农村正在就业人口占全国 16 岁及以上文盲、小学和初中正在就业人口的比重为

65.4%，占全国 16 岁及以上正在就业人口的比重为 49.5%。而城镇 16 岁及以上正在就业人口的学历则普遍分布在高中、大学专科、大学本科和研究生 4 个高学历层次上。由表 5 – 6 和图 5 – 8 可知，在上述 4 个学历层次就业人口中，农村就业人口所占比重依次为：高中 28.7%、大学专科 11.5%、大学本科 4.8% 和研究生 1.9%；而城镇人口所占比重则依次为 71.3%、88.5%、95.2% 和 98.1%。城镇 16 岁及以上高中、大学专科、大学本科和研究生正在就业人口占全国 16 岁及以上对应学历正在就业人口的比重为 79.8%，占全国 16 岁及以上正在就业人口的比重为 19.4%。

　　城乡受教育程度的巨大差异导致城乡居民巨大的就业和工资差别。我们根据第六次全国人口普查数据检验了因受教育程度的差异而造成的城乡就业和工资水平的差距。从城乡就业情况来看，农村就业人员主要从事低学历要求的农林牧副渔行业，并且对于特定行业而言，随着学历层次（受教育程度）的提高，农村就业人员所占比重逐渐下降。与农村就业人员的受教育程度及其就业特点不同的是，城镇就业人员主要从事学历要求较高的行业，如金融、教育、科技勘探与公共管理和社会组织等行业，且随着学历层次的提高，城镇就业人员所占比重也逐步增加。由于农村就业人员主要分布于学历层次和工资水平最低的农林牧副渔行业，该行业平均工资水平是所有 19 个行业中类中工资水平最低的，由于农村就业人员主要集中于该行业（农村就业人口占整个行业就业人口的比重是85.1%），因此，从行业工资总额来看，农村就业人员工资总额超过了城镇就业人员。除此之外，其他行业城镇就业人员的工资总额均高于农村就业人员工资总额。除农林牧副渔行业之外，城镇就业人员工资总额均高于农村就业人员，其中，金融、房地产与科学研究技术服务和地质勘查行业城镇就业人员工资总额是农村就业人员的 13 ~ 17 倍，而其他诸如公共管理和社会组织、文化体育和娱乐、教育和制造等行业城乡就业人员工资总额是农村就业人员的 2 ~ 10 倍。

7.1.3　中国式财政分权是城乡教育人力资本差异的体制原因

城市偏向制度下，城乡收入差距既是内生的，也是外生的。作为内生的城乡收入差距，具有一定的不可避免性；作为外生的城乡收入差距，它是由一系列城市偏向的制度决定的。在诸多因素中，中国式财政分权及其异化的增长型激励机制是造成地方政府城市偏向制度的重要原因。

首先，根据卢卡斯（1988）的内生增长理论，由于城市是财富和资本集中地，具有更好的基础设施和服务体系，对于经济增长而言具有更大的带动效应。因为人力资本可以抵消物质资本积累中产生的边际生产力递减并维持经济长期持续增长，所以，城市人力资本的增加会带动城市经济更快速增长。因此，在增长型激励下，地方政府教育支出主要表现为为城市经济发展服务，加之城市具有比农村更多的政治代表，导致教育支出偏向城市而忽视农村，造成城乡人力资本投资的巨大差异。其次，中国式财政分权下地方政府面临着政治晋升激励、财政收入激励和私人收益激励，由于这三种激励的实现均内生于经济增长过程中，因此，无论哪一种激励都会导致地方政府将收益与支出挂钩，从而导致教育支出偏向于具有更大产出创造功能的城市和城市居民，而忽视经济增长贡献较小的农村和农村居民，导致教育支出偏向城市。所以，财政分权并没有改善城乡收入差距。

具体而言，增长型激励机制特别是中央政府的政治激励导致地方政府横向和纵向博弈竞争，竞争的结果是地方政府竞相追逐经济增长，由于城市是财富、资本、要素等的集中地，完善的基础设施使城市具有天然的经济发展优势，致使地方政府实施城市偏向型的政策，财政支出过度偏向城市而忽视农村，导致农村人力资本和经济发展水平远远落后于城市，使城乡收入差距不断扩大。而从地方政府博弈策略选择上来看，由于经济增长主要依靠企业和资本，城市人口拥有更多的政治代表，在政府政策制定上拥有更大的话语权，使得地方政府在促进经济增长的过程中将更多的财力用于服务企业和城市，而忽视了农村居民，致使城市偏向型政策和城乡收入差距存在"自我强化"的趋势。若地方政府城市偏向型财政支出政策得不到有效调节的话，则城乡收入差距将会处于循环累积的自我强化之路。

7.2 政策建议

7.2.1 中国式财政分权改革的多维审视

唯物辩证法认为，事物的发展是内因与外因共同作用的结果，既是由它本身所固有的内部原因所引起，又同一定的外部条件密切联系，但二者在事物发展中的地位和作用是不同的。外因是变化的条件，内因则是变化的根据，外因通过内因而起作用，内因既是事物存在和发展的根据，又是一事物区别于他事物的内在本质，它决定着事物发展的方向。就财政分权而言，财政分权行为主体的激励机制属于内因，而财政分权体制和监督制约机制属于外因，三者共同作用，相互影响，才会产生良好的作用效果。因此，仅就中国式财政分权对城乡收入差距的影响而言，解决问题的根本在于矫正地方官员所面临的增长型激励机制，同时，完善目前的财政分权体制，并建立必要的财政分权监督制约机制，从而从多个方面确保城乡大致均等的教育支出水平，实现城乡居民教育公共服务均等化，有效解决城市偏向型教育支出结构对城乡收入差距的影响。

1. 激励机制之维

由于经典分权理论根植于西方特别是美国的联邦制基础上，各级政府之间并非隶属关系，主要领导人均由选民通过"用手投票"

机制选出，为实现连任就必须获得选民的认可，所以，各级政府的政治激励来源于选民，其工作的重点也自然以选民偏好为出发点。与美国等典型的联邦制国家不同，中国是单一制的中央集权型国家，因此，市场经济体制下的中国财政分权处于政治集权和经济分权的制度空间内。所以，中西财政分权政治制度基础的差异对地方官员的行为产生了不同的影响。在中国式财政分权下，由于中央政府以经济增长绩效考核地方官员，地方官员为实现晋升的目标而努力发展经济，中央政府的意愿在地方层面得到了充分的贯彻和体现。因此，在中央政府的经济增长考核下地方各级政府展开了为增长而竞争的"政治晋升锦标赛"，地方政府主要以经济增长为职能重心，由于城市是经济增长的主要贡献者，财政支出偏向城市也就顺理成章了。因此，在城市偏向型政策安排下，地方政府教育支出偏向城市，导致城乡居民教育人力资本与收入获取能力的巨大差异，从而扩大了城乡之间的收入差距。

2. 政府行政之维

在以"经济建设为中心"的基本国策和中央政府经济增长考核下，地方政府行政过程中表现出高度的经济建设型政府特征。经济建设型政府是对我国计划经济时期政府经济建设性职能的高度概括，是与计划经济时期我国经济发展现实相联系的（张馨，1999）。自1978年开始我国迈出了市场化改革的步伐，至1992年社会主义市场经济体制的正式提出，经济市场化改革的大幕已全面开启，按照市场经济的要求，应由市场发挥资源配置的决定性作用，而政府应将职能局限于市场失灵领域，专司公共品供给职责，此时的政府应是公共服务型的"守夜人"角色。然而，现实中我们依然看到，政府手中掌握大量经济资源（如土地、各种形式的财政资源），拥有决定企业发展的各种手段和工具（如直接扶持企业上市、给予企业各种财税优惠、企业融资担保等），作为经济发展主体的企业依然要仰政府之鼻息。市场化改革并未改变各级政府的经济建设热情，地方政府依然以经济发展为首要任务，特别是20世纪90年代后期以来伴随着房地产市场的快速发展，地方政府"圈地运动"、"造城运动"等越演越烈，中国的各级政府均成了各级各地的最大"经济发展总公司"（韦森，2010）。这必然会导致地方政府将更多的财政资源用于服务城市经济发展，从而使农村处于经济发展的边缘，进一步强化了城乡收入差距。

3. 财政体制之维

从财力划分看，由于我国现行的财政体制不完善，也是造成地方政府在增长型激励机制下对农村教育投入不足的重要原因。首先，从财权划分看，分税制改革改变了财政包干制时期财政收入划分上的"弱中央—强地方"格局，仅 1994 年当年，中央财政收入占全国财政收入的比重就由 1993 年的 22% 跃升到 55.7%，地方财政所占比重由 78% 下降到 44.3%，中央政府实现了财力集中的目的。特别是 2002 年所得税分享改革、2006 年农业税改革以及当前正在进行的"增值税调整"① 三次重大的财税体制变革，财权进一步向上集中，地方财政一般预算内财权逐渐萎缩，财政自主性日益下降，加之地方政府承担的支出责任日益增加，地方财政缺口逐渐加大。其次，从政府间转移支付制度看，尽管中央财力集中后大规模转移支付的本意在于促进各地区公共服务均等化，由于中央政府并没有对一般性转移支付进行分级测算，这些转移支付全部拨付省级财政，这就意味着中央政府将基本公共服务均等化主体地位也一并转移给了省级政府，此时，中央政府的均等化政策效果完全依赖于省级政府对省以下基层财政所实施的转移支付的均等化效果。可能的结果是，有的省份执行中央的均等化政策，而有的省份则反其道而行之，将拨款用于省会城市或其他大城市，忽视农村的公共品供给，其结果就是基本公共服务的非均等化。此外，我国目前的政

---

　　① 主要是指增值税转型与营业税改征增值税。根据国务院常务会议的决定，自 2013 年 8 月 1 日起，将交通运输业和部分现代服务业"营改增"试点在全国范围内推开，适当扩大部分现代服务业范围，将广播影视作品的制作、播映、发行等纳入试点，并择机将铁路运输和邮电通信等行业纳入"营改增"试点，力争"十二五"期间全面完成"营改增"改革，这将会进一步影响地方财政自主性。

府间转移支付制度本身尚存在诸多问题①，严重制约了转移支付的财力调节功能。因此，不完善的财力划分体制导致地方政府缺乏调节城乡收入差距的财力支持。

从支出责任划分看，首先，中央政府在财权集中的同时，事权不断下放。中央政府承担的支出责任比重由 1990 年的 32.6% 下降到 1996 年的 27.1%，之后虽有 5 年时间的短暂回升，但是从 2001 年开始中央支出责任比重快速下降，由 30.5% 下降到 2012 年的 14.9%。与中央事权大量下放相对应，地方政府支出责任不断上升，自 1994 年以来，地方政府承担的一般预算支出比重逐年增加，由 1994 年的 69.7% 提高到 2012 年的 85.1%，增加了 15.4%，年均增长 0.82 个百分点。地方政府收支压力日益加大。② 从分项财政支出来看，2012 年地方财政在教育、社会保障与就业、医疗卫生等支出上分别承担了 94.8%、95.3%、99% 的支出责任，几乎承担了除外交、国防等中央专属事权之外的全部支出，中央政府承担的支出责任比重过低。事权与支出责任的过度下放，一方面导致地方政府在增长型激励机制下选择了自己偏好的支出行为，在缺少有效的监督制约机制下对农村教育投入不足就难以避免。另一方面，目前我国的教育支出责任基本上由县级政府负责，由于教育等支出项目具有一定程度的外溢性，且投入周期长、投入规模大，因此，将之下放基层政府不符合"成本—收益"对称的原则，致使基层政府激励不足，也是导致农村教育投入不足的重要原因。

从分级财政来看，由于行政管理体制原因，中央在将事权下放到省级财政以后，省级财政又将其进一步下放到市县财政，如此一级一级下放，最终事权的落实大都或全部在县乡财政。以 2010 年

---

① 目前的转移支付制度突出问题表现在结构不合理、测算标准基数化、部门分权和调节功能弱化。专项转移支付比重过高，项目种类繁多、规模庞大，且款项使用必须以项目投资为基础，个别困难地区干脆放弃争取，造成地区差距的持续扩大，且部门间分权严重，"跑部钱进"难以禁止，滋生腐败；一般性转移支付由于采用"基数法"测算，且很多构成项目（如调整工资转移支付、民族地区转移支付、公检法司转移支付）已经演变为一般性的专项补助，异化为部门利益的代表，加之均等化转移支付规模和比重过低，导致部门间财力苦乐不均，地方财政无法统筹调度各项财力。

② 数据来源：《中国统计年鉴（2013）》。

为例，我国省以下地方政府承担了61.4%的财政支出责任，而省级政府则只承担了20.8%的支出责任（李万慧，2013），因此，教育、医疗、社会保障等支出责任统筹层次过低，基层财政支出压力过大，"财权/财力与事权倒挂"现象依然严峻。因此，未来的改革有必要减轻基层财政压力，将教育等公共品供给责任适当上移，加大对农村的公共品供给力度，确保城乡间公共品的均等化供给。

4. 监督约束之维

"以足投票"理论表明，选民的自由流动可以激励财政分权下的地方政府提供令选民更加满意的公共品。然而，在中国，由于户籍制度的限制及其依附在户籍制度上的社会保障等使中国无法形成西方式的自由迁徙，"用脚投票"机制的缺失使地方政府缺少了第一重约束机制。此外，单一制和联邦制制度基础的差异决定了中国的政府官员缺少"用手投票"的公共约束机制，因此，建立在集权制基础上的中国式财政分权使地方官员对辖区民众需求的重视程度相对较弱。因此，"用手投票"和"用脚投票"双重约束机制缺失的直接结果是地方官员缺少对民众需要的回应性。所以，地方政府在缺少有效约束机制的情况下选择城市偏向型的财政支出结构也就不足为奇，城乡公共品供给差异也就在所难免。

7.2.2 在和谐发展中推进中国式财政分权的制度匹配

地方政府现行城市偏向型教育支出是造成城乡教育人力资本差异和城乡收入分配差距的重要原因，根据上述的分析，造成这种结果的原因是多方面的，不能简单地希冀通过财政体制改革加以解决。换言之，地方政府城市偏向型教育支出既与现行财政体制安排不合理导致的地方政府事权过多过重以及财政收入自主性下降有关，也与当前所实施以经济增长为主要考核目标的政治晋升激励以及民主监督约束机制建设滞后直接相连。

因此，未来中国式财政分权改革应从政治、体制和监督制约三个方面进行改革：以良好的政治激励制度为基础，以完善的财政体制安排为载体，以必要的监督约束机制为补充，实现城乡间公共品均衡供给（见图7-1所示）。

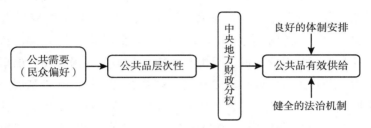

图7-1 中国式财政分权改革的目标取向

1. 建立良好的政治制度基础

良好的政治制度基础的作用在于，能够确保地方政府官员在"对上负责"的同时更多地"对下负责"，使地方政府及其官员能够更好地满足社会公众需要，从而有效地矫正和杜绝政治激励扭曲的不良后果。① 良好的政治制度基础要求以"科学发展观"为指导，在强调经济增长的同时更加关注民生，转变政府执政的单一经济增长理念，加快政府职能转变和政府转型。同时，构建更加切实有效的民主政治制度和绩效考核标准，使各级政府由"为增长而竞争"转向"为和谐而竞争"。

2. 健全财政体制

首先，完善的分权体制要求从中央到地方各级政府事权与支出责任划分要具体、明确、合理，实现从中央到地方各级政府事权与支出责任划分规范、责任主体清晰，避免职责混乱和"错配"。建议未来的政府间事权优化配置按照下述思路进行：（1）事权内外清

---

① 这要求在顶层强化以人民代表大会制度为代表的代议制民主机制作用的同时，加快基层参与式民主制度建设。

晰。各级政府应进一步推进经济体制改革，重构政府事权，加快国有企业和事业单位改革，减少直至取消对市场经济的直接干预，将政府职能定位于公共品供给，使事权划分实现"横向到边"。（2）事权纵向"归位"。中央与地方政府之间需要重新调整和划分事权，使原本应由上级政府承担的事权和应由下级政府履行的事权各自"归位"，避免政府间事权划分"错位"，实现事权划分的"纵向到底"。当前的重点在于中央适度降低转移支付规模，将教育、社会保障和就业、医疗卫生与节能环保等关乎国计民生的事权上划中央和省级政府以提高较高级政府的支出责任，减轻基层财政支出压力，真正实现基本公共服务均等化，确保政府支出的公共性与公平性。（3）事权横向"分解"。大力培育和发展非营利组织（NPO），提高公共品供给中的"多中心治理"水平，在区分公共品提供与生产的前提下，通过各种手段鼓励和支持市场与NPO参与公共品供给，对各级政府职能进行横向剥离与"瘦身"，有效减轻基层财政负担和支出压力，真正实现财力与事权匹配，更好地满足社会公共需要。

其次，完善的体制安排要求优化地方财政激励结构，避免地方政府对经济增长的过分偏爱。建议加快完善地方税体系，给予地方政府所应具备的财权（必要的征税权、发债权等），未来地方税体系的完善应本着以下依据：（1）政府职责。具体表现为各级政府所承担的事权。（2）受益范围。将提供难以确定具体受益对象的全国性公共品所需征收的税收，划分给中央政府；将受益易于确认而征收的税种划归地方。（3）财政需要。中央政府既担负着国防、外交以及对全国经济社会发展进行宏观调控的职责，又担负着通过转移支付对地方政府行为进行调节和利益诱导、均衡地区差距的任务，因此，应当把税源充足和集中的税种划归中央。对于地方财政，地方税种和税收规模也不应过小，否则，如果地方财力过多依靠中央转移支付来提供，就有可能影响地方税体系的健全，并可能使地方花钱不计成本与效益。（4）税基流动性。应把税基流动性大的税种，如个人所得税、企业（法人）所得税、增值税等划归中央；把那些税基流动性较小的税种，如房产税等划归地方。（5）征管效率。从提高税收征管效率、控制征税成本考虑，应将税源集中、征收简便、易于稽核的税种划为中央税，如关税、增值税等，而把税源分散、征管难度较大、征收成本（尤其是人力成本）较高的税种划为地方税。

再次，建立科学规范有效的政府间转移支付制度。一方面，政府间转移支付制度设计采用"因素法"替代"基数法"。因素法的基本特点是，选取一些不易受到人为控制的、能反映各地收入能力和支出需要的客观性因素，如人口数量、城市化程度、人均 GDP、人口密度、国土整治面积等。为了鼓励各地增加收入的积极性，可考虑地方征税努力因素，如各地财政收入占 GDP 的比重，根据不同因素来衡量各地的财政地位，以公式化的形式确定各地的转移支付额，不但可以提高转移支付的透明度、可预见性和客观公正性，而且有利于规范中央与地方之间的财政关系，提升财政管理的科学化程度。另一方面，选择适当的转移支付形式，完善转移支付结构。首先，逐年降低直至最终取消税收返还。其次，逐年扩大一般性转移支付比重，以使地方能有足够的财力来履行应承担的支出责任，从而使不同省区的居民均可享受到水平大体相当的基本公共服务和社会福利。最后，清理现行分散在各个预算支出科目中的专项补助，将其逐步规范为"整块拨款"和"配套拨款"。中央对地方的专项补助应主要用于一些特殊情况，如救灾、扶贫、国土整治、环境保护、跨地区的基础设施建设项目等，并且与均衡拨款协调起来，改进分配方法，提高财政均衡功能。[①]

最后，财政体制改革应以法律安排为先导和运行保障，避免体制混乱衍生的财政机会主义行为，增强财政体制的法治性、稳定性和可预期性。正如新制度经济学大师诺斯所言，制度的主要功能在于通过其强制力来约束人的行为，防止交易中可能发生的机会主义行为，降低不确定性，使交易主体容易形成稳定预期，从而减少交

---

① 李齐云. 建立健全与事权相匹配的财税体制研究 [M]. 中国财政经济出版社，2013.

易费用。① 因此，未来应加快财政法制建设，尽早制定《政府间财政关系法》等有关法律法规。

3. 建立有效的监督制约机制

有效的监督制约机制要求建立公开透明的现代政府预算制度，实行预算公开，细化预算公开内容，由目前的类、款级逐渐公开至项、目、节级，提高政府支出的绩效水平，以确保财政分权体制下各级政府预算硬约束和财政收支行为的公开化和法治化，使财政支出真正落到实处，提高财政支出的绩效和公共品供给效率水平，使财政分权具备良好的作用平台，由预算硬约束提高财政分权的良好作用。同时，完善立法机关的监督质询作用，加强人大和政协以及社会公众的监督与问责，使各级政府能够受到有效的监督，以矫正"用手投票"与"用脚投票"缺失所导致的地方政府行为异化对城乡收入分配的影响。同时，加快建立现代政府预算制度，提高政府财政收支的透明度和法治化水平。

未来的改革必须从政治激励、体制建设和监督约束多个层面对中国的财政分权进行多维改革，完善财政分权有效运行所必需的制度基础，在认清中国式财政分权的动力机制和局限性的基础上，正确合理地设计改革方案，以创新的思维彻底、系统地改造现有的财政分权体制，建立财政分权的制度支撑体系，对于破解现行财政分权下地方政府公共品供给城市偏向从而缩小城乡收入差距而言无疑是最根本性的举措，也是走向和谐共赢的中国式财政分权的必由之路。

7.3 进一步研究展望

尽管本书以中国式财政分权为背景分析地方政府教育支出偏向

---

① 道格拉斯·C·诺斯. 制度、制度变迁与经济绩效［M］. 上海：格致出版社、上海三联书店、上海人民出版社，2011.

城市对城乡收入分配的影响，这说明本书是从体制改革视角研究城乡收入差距，因此，本书的分析只能局限于财政分权下地方政府行为异化及教育支出偏向城市对城乡收入分配的影响，因而，无法考虑诸如城乡居民财产分布、劳动力流动、个人偏好等因素对城乡居民收入分配的影响，这使得本书的研究视角具有一定的局限性。

此外，城乡分割的户籍制度、城乡居民不同的家庭社会经济地位、父母受教育年限以及家庭内兄弟姐妹数量等因素对城乡居民教育不平等和就业与收入水平都会产生影响，换言之，要理解中国城乡教育不平等及其对城乡收入分配的影响，除了讨论中国式财政分权下地方政府教育支出偏向城市外，还需要关注影响城乡居民教育决策的微观机制。

参 考 文 献

［1］阿玛蒂亚·森. 以自由看待发展［M］. 北京：中国人民大学出版社，2002.

［2］阿瑟·奥肯. 平等与效率——重大抉择［M］. 北京：华夏出版社，2010.

［3］安体富，蒋震. 影响我国收入分配不公平的若干产权制度问题研究［J］. 财贸经济，2012（4）：14－23.

［4］白重恩，钱震杰. 谁在挤占居民的收入——中国国民收入分配格局分析［J］. 中国社会科学，2009（5）：99－115.

［5］白洁. 中央政府与地方政府在中国贸易政策中的博弈分析［J］. 山东社会科学，2013（4）：138－142.

［6］白素霞，陈井安. 收入来源视角下我国城乡收入差距研究［J］. 社会科学研究，2013（1）：27－31.

［7］白雪梅. 教育与收入不平等——中国的经验研究［J］. 管理世界，2006（4）：53－58.

［8］贝克尔. 人力资本理论——关于教育的理论和实证分析［M］. 中信出版社，2007.

［9］蔡昉. 城乡收入差距与制度变革的临界点［J］. 中国社会科学，2003（5）：16－25.

［10］蔡昉，杨涛. 城乡收入差距的政治经济学［J］. 中国社会科学，2000（4）：11－22.

［11］陈安平，杜金沛. 中国的财政支出与城乡收入差距［J］. 统计研究，2011（11）：34－39.

［12］陈斌开，张鹏飞，杨汝岱．政府教育投入、人力资本投资与中国城乡收入差距［J］.管理世界，2010（1）：36 - 43.

［13］陈斌开，林毅夫．重工业优先发展战略、城市化和城乡工资差距［J］.南开经济研究，2010（1）：3 - 18.

［14］陈工，洪礼阳．财政分权对城乡收入差距的影响研究［J］.财政研究，2012（8）：45 - 49.

［15］陈硕．分税制改革、地方财政自主权与公共品供给［J］.经济学（季刊），2010（4）：1427 - 1446.

［16］陈抗，A. L. Hillman，顾清扬．财政集权与地方政府行为变化——从援助之手到攫取之手［J］.经济学（季刊），2002（1）：111 - 130.

［17］陈潭，刘兴云．锦标赛体制、晋升博弈与地方剧场政治［J］.公共管理学报，2011（2）：21 - 33.

［18］陈宗胜．经济发展中的收入分配［M］.上海：上海三联书店，1991.

［19］陈宗胜．关于收入差别倒 U 曲线及两极分化研究中的几个方法问题［J］.中国社会科学，2002（5）：78 - 82.

［20］陈宗胜，周云波．中国的城乡差别及其对居民总体收入差别的影响［J］.南方论丛，2002（2）：26 - 32.

［21］程开明．从城市偏向到城乡统筹发展——城市偏向政策影响城乡差距的 Panel Data 证据［J］.经济学家，2008（3）：28 - 36.

［22］程开明，李金昌．城市偏向、城市化与城乡收入差距的作用机制及动态分析［J］.数量经济技术经济研究，2007（7）：116 - 125.

［23］戴维·罗默．高级宏观经济学（第三版）［M］.上海：上海财经大学出版社，2009.

［24］道格拉斯·C·诺斯．制度、制度变迁与经济绩效［M］.上海：格致出版社、上海三联书店、上海人民出版社，2011.

［25］丁菊红，邓可斌．政府偏好、公共品供给与转型中的财

政分权 [J]. 经济研究, 2008 (7): 78 - 89.

[26] 范晓莉. 城市化、财政分权与中国城乡收入差距相互作用的计量分析 [J]. 现代财经 (天津财经大学学报), 2012 (3): 44 - 53.

[27] 傅强, 朱洁. 中央政府主导下的地方政府竞争机制——解释中国经济增长的制度视角 [J]. 公共管理学报, 2013 (1): 19 - 30.

[28] 傅勇. 财政分权改革提高了地方财政激励强度吗? [J]. 财贸经济, 2008 (7): 35 - 40.

[29] 傅勇. 分权治理与地方政府合意性: 新政治经济学能告诉我们什么? [J]. 经济社会体制比较, 2010 (4): 13 - 22.

[30] 傅勇, 张晏. 中国式分权与财政支出结构偏向: 为增长而竞争的代价 [J]. 管理世界, 2007 (3): 4 - 22.

[31] 高韵, 罗有贤. 城乡人力资本存量与经济增长的动态效应分析 [J]. 西北人口, 2008 (5): 55 - 58.

[32] 官永彬. 城乡要素积累、政策偏好与收入差距的动态关系 [J]. 财经科学, 2010 (11): 78 - 85.

[33] 郭继强. 人力资本投资的结构分析 [J]. 经济学 (季刊), 2005 (2): 689 - 706.

[34] 郭剑雄. 人力资本、生育率与城乡收入差距的收敛 [J]. 中国社会科学, 2005 (3): 27 - 37.

[35] 郭庆旺, 吕冰洋. 论税收对要素收入分配的影响 [J]. 经济研究, 2011 (6): 16 - 30.

[36] 何晓星. 再论中国地方政府主导型市场经济 [J]. 中国工业经济, 2005 (1): 31 - 38.

[37] 何忠洲. 财政分权: 制度供给是前提 [J]. 中国改革, 2005 (2): 19 - 21.

[38] 侯风云. 中国人力资本投资与城乡就业相关性研究 [M]. 上海: 上海人民出版社, 2007.

[39] 侯风云, 徐慧. 城乡发展差距的人力资本解释 [J]. 理

论学刊，2004（2）：42－46.

［40］侯风云，张凤兵. 农村人力资本投资及外溢与城乡差距实证研究［J］. 财经科学，2007（8）：118－131.

［41］胡鞍钢. 从人口大国到人力资本大国：1980—2000 年［J］. 中国人口科学，2002（5）：1－10.

［42］胡宝娣，刘伟，刘新. 社会保障支出对城乡居民收入差距影响的实证分析［J］. 江西财经大学学报，2011（2）：49－54.

［43］黄燕东，姚先国. 中国行业收入不平等问题的解析［J］. 当代财经，2012（2）：24－32.

［44］华莱士·E·奥茨. 财政联邦制述评［J］. 经济社会体制比较，2011（5）：13－27.

［45］黄乾，魏下海. 中国劳动收入比重下降的宏观经济效应——基于省级面板数据的实证分析［J］. 财贸经济，2010（4）：121－127、113、137.

［46］贾康. 财政体制改革与收入分配结构调整［J］. 上海国资，2010（12）：12.

［47］焦斌龙. 人力资本差异与收入分配差距［M］. 北京：商务印书馆，2011.

［48］靳卫东. 农民的收入差距与人力资本投资研究［J］. 南开经济研究，2007（1）：81－92.

［49］靳卫东. 我国收入差距的成因与演变——基于人力资本视角的分析［M］. 北京：人民出版社，2011.

［50］匡远凤. 我国人力资本地区分布差异及其变化考探——基于不平等指数的度量与分解视角［J］. 人口与经济，2011（6）：49－56.

［51］赖小琼，黄智淋. 财政分权、通货膨胀与城乡收入差距关系研究［J］. 厦门大学学报（哲学社会科学版），2011（1）：22－29.

［52］赖文燕. 要素市场配置与我国城乡居民收入差距研究［J］. 当代财经，2012（5）：17－25.

[53] 雷根强，蔡翔. 初次分配扭曲、财政支出城市偏向与城乡收入差距 [J]. 数量经济技术经济研究，2012（3）：76 - 89.

[54] 李稻葵. 财政税收体制需要调整 [J]. 英才，2011（1）：77.

[55] 李建民. 人力资本通论 [M]. 上海：上海三联书店，1999.

[56] 李实，罗楚亮. 中国城乡居民收入差距的重新估计 [J]. 北京大学学报（哲学社会科学版），2007（2）：111 - 120.

[57] 李实，岳希明. 中国城乡收入差距世界最高 [J]. 中国经济信息，2004（6）：62 - 64.

[58] 刘穷志. 公共支出归宿：中国政府公共服务落实到贫困人口手中了吗？ [J]. 管理世界，2007（4）：60 - 67.

[59] 刘润芳. 人力资本的居民收入分配效应研究 [D]. 西北大学博士学位论文，2012.

[60] 刘卓君. 中国式财政分权与经济社会的非均衡发展 [J]. 中央财经大学学报，2009（12）：6 - 10.

[61] 卢洪友. 统筹城乡公共品供给问题研究 [M]. 科学出版社，2010.

[62] 逯进，周惠民. 人力资本理论：回顾、争议与评述 [J]. 西北人口，2012（5）：46 - 52.

[63] 陆铭，陈钊. 城市化、城市倾向的经济政策与城乡收入差距 [J]. 经济研究，2004（6）：50 - 58.

[64] 卢小祁. 中国式财政分权对城乡居民收入差距的影响研究 [D]. 江西财经大学博士学位论文，2012.

[65] 罗伯特·J·威利斯. 工资决定：人力资本收入函数的调查和重新解读 [A]. 载奥利·阿申费尔特等. 劳动经济学手册（第1卷）[C]. 北京：经济科学出版社，2009.

[66] 罗楚亮，李实. 人力资本、行业特征与收入差距 [J]. 管理世界，2007（10）：19 - 30.

[67] 罗长远，张军. 劳动收入占比下降的经济学解释 [J].

管理世界，2009（5）：25-35.

［68］马丁·布朗芬布伦纳．收入分配理论［M］．北京：华夏出版社，2009.

［69］马光荣，杨恩艳．中国式分权、城市倾向的经济政策与城乡收入差距［J］．制度经济学研究，2010（1）：10-24.

［70］马拴友，于红霞．地方税与区域经济增长的实证分析——论西部大开发的税收政策取向［J］．管理世界，2003（5）：36-59.

［71］马万里．财政分权对收入分配的影响机理与传导机制——兼论调节中国收入差距的对策选择［J］．华中科技大学学报（社会科学版），2013（2）：90-97.

［72］马万里．增长共识、地方政府行为异化与收入分配差距——基于财政分权的视角［J］．新疆社会科学，2013（2）：28-36.

［73］马万里．中国收入分配差距的新政治经济学分析［J］．经济与管理研究，2013（3）：19-28.

［74］马万里．人力资本视角下财政分权对收入分配的影响研究［J］．中央财经大学学报，2013（3）：1-6.

［75］马万里，李齐云．增长型激励、中国式财政分权与收入差距［J］．当代财经，2013（7）：33-46.

［76］马万里．转轨时代的中国式财政分权改革辨析——政治基础、体制载体与监督机制［A］．载汪丁丁．新政治经济学评论［C］．上海：世纪出版集团，上海人民出版社，2014（25）：45-63.

［77］马万里，李齐云．居民收入倍增：体制约束与制度因应——基于中国式财政分权的思考［J］．经济理论与经济管理，2013（8）：34-46.

［78］马万里，李齐云，张晓雯．收入分配差距的财政分权因素：一个分析框架［J］．经济学家，2013（4）：13-23.

［79］马晓君．人力资本对个人收入分配的影响［J］．统计与

决策，2005（7）：49 – 51.

[80] 曼瑟尔·奥尔森.集体行动的逻辑 [M].上海：格致出版社、上海三联书店、上海人民出版社，1995.

[81] 欧阳日辉，吴春红.基于利益关系的中央政府与地方政府关系 [J].经济经纬，2008（5）：11 – 14.

[82] 钱雪亚.人力资本水平：方法与实证 [M].北京：商务印书馆，2011.

[83] 任太增.城市偏向制度及其对城乡收入差距的影响 [J].江西社会科学，2008（5）：72 – 77.

[84] 任太增.城市偏向制度下的城乡收入差距研究 [D].华中科技大学博士学位论文，2008.

[85] 任重.教育、医疗公共品供给与城乡收入差距的关系研究 [D].南开大学博士学位论文，2009.

[86] 尚长风，许煜，王成思.中国式财政分权与通货膨胀：机制和影响 [J].江苏社会科学，2008（1）：67 – 74.

[87] 史蒂文斯.集体选择经济学 [M].上海：上海人民出版社，1999.

[88] 世界银行.2006 年世界发展报告：公平与发展 [M].北京：清华大学出版社，2006.

[89] 孙立平.失衡——断裂社会的运作逻辑 [M].北京：社会科学文献出版社，2004.

[90] 唐志军.地方政府竞争与中国经济增长——对中国之"谜"中的若干谜现的解释 [M].北京：中国经济出版社，2011.

[91] 陶然，刘明兴.中国城乡收入差距、地方政府开支及财政自主 [J].世界经济文汇，2007（2）：1 – 21.

[92] 田新民，王少国，杨永恒.城乡收入差距变动及其对经济效率的影响 [J].经济研究，2009（7）：107 – 118.

[93] 汪伟全.地方政府竞争中的机会主义行为之研究——基于博弈分析的视角 [J].经济体制改革，2007（3）：141 – 145.

[94] 王小鲁，樊纲.中国收入差距的走势和影响因素分析

[J]. 经济研究, 2005 (10): 24-36.

[95] 韦森. 大转型: 中国改革下一步 [M]. 北京: 中信出版社, 2012.

[96] 温娇秀. 我国城乡教育不平等与收入差距扩大的动态研究 [J]. 当代经济科学, 2007 (5): 40-45.

[97] 吴国光. "县政中国"——从分权到民主化的改革 [J]. 经济管理文摘, 2008 (2): 20-24.

[98] 吴一平. 财政分权、腐败与治理 [J]. 经济学 (季刊), 2008 (3): 1045-1060.

[99] 西奥多·W·舒尔茨. 论人力资本投资 [M]. 北京: 北京经济学院出版社, 1990.

[100] 解垩. 财政分权、公共品供给与城乡收入差距 [J]. 经济经纬, 2007 (1): 27-30.

[101] 谢勇. 人力资本与收入不平等的代际间传递 [J]. 上海财经大学学报, 2006 (2): 49-56.

[102] 邢春冰. 农民工与城镇职工的收入差距 [J]. 管理世界, 2008 (5): 55-64.

[103] 雅各布·明塞尔. 人力资本研究 [M]. 北京: 中国经济出版社, 2001.

[104] 阎坤, 陈昌盛. 财政分权中的再分配问题 [J]. 财贸经济, 2001 (8): 43-48.

[105] 杨建芳, 龚六堂, 张庆华. 人力资本的形成及其对经济增长的影响——一个包含教育和健康投入的内生增长模型及其检验 [J]. 管理世界, 2006 (5): 10-34.

[106] 杨俊, 黄潇. 教育不平等与收入分配差距的内在作用机制——基于中国省级面板数据的分析 [J]. 公共管理学报, 2010 (7): 75-82.

[107] 杨俊, 黄潇, 李晓羽. 教育不平等与收入分配差距: 中国的实证分析 [J]. 管理世界, 2008 (1): 38-47.

[108] 杨瑞龙. 我国制度变迁方式转换的三阶段论——兼论地

方政府的制度创新行为 [J]. 经济研究，1998（1）：3-10.

[109] 杨瑞龙，杨其静. 阶梯式的渐进制度变迁模型——再论地方政府在我国制度变迁中的作用 [J]. 经济研究，2000（3）：24-31.

[110] 姚洋，杨雷. 制度供给失衡和中国财政分权的后果 [J]. 战略与管理，2003（3）：27-33.

[111] 姚振宇. 理性、权力与经济繁荣：奥尔森经济增长思想研究 [M]. 上海：上海人民出版社，2008.

[112] 伊特韦尔，米尔盖特. 新帕尔格雷夫经济学大辞典 [M]. 北京：经济科学出版社，1996.

[113] 余长林. 人力资本投资结构与经济增长——基于包含教育资本、健康资本的内生增长模型理论研究 [J]. 财经研究，2006（10）：102-112.

[114] 余长林. 财政分权、公共品供给与中国城乡收入差距 [J]. 中国经济问题，2011（5）：36-45.

[115] 尹虹潘，刘姝伶. 中国总体基尼系数的变化趋势 [J]. 中国人口科学，2011（4）：11-20.

[116] 曾小彬，刘凌娟. 城乡居民收入差距影响因素及其作用的再分析 [J]. 财经研究，2008（12）：118-128.

[117] 詹姆斯·E·米德. 效率、公平与产权 [M]. 北京：北京经济学院出版社，1992.

[118] 詹姆斯·M·布坎南. 自由、市场与国家——80年代的政治经济学 [M]. 上海：生活·读书·新知三联书店，1989.

[119] 张凤林. 人力资本理论及其应用研究 [M]. 商务印书馆，2006.

[120] 张海峰. 城乡教育不平等与收入差距扩大 [J]. 山西财经大学学报，2006（2）：31-38.

[121] 张泓骏，施晓霞. 教育、经验和农民工的收入 [J]. 世界经济文汇，2006（1）：18-25.

[122] 张军，周黎安. 为增长而竞争：中国增长的政治经济学 [M]. 上海：格致出版社、上海人民出版社，2007.

［123］张克中，冯俊诚，鲁元平．财政分权有利于贫困减少吗？——来自分税制改革后的省际证据［J］．数量经济技术经济研究，2010（12）：3－15.

［124］张维迎．博弈论与信息经济学［M］．上海：上海人民出版社，2004.

［125］张彦，龚六堂．分税制改革、财政分权与中国经济增长［J］．经济学（季刊），2005（10）：75－108.

［126］张晏，夏纪军，张文瑾．自上而下的标尺竞争与中国省级政府公共支出溢出效应差异［J］．浙江社会科学，2010（12）：20－26.

［127］张原，陈建奇．人力资本还是行业特征：中国行业间工资回报差异的成因分析［J］．世界经济，2008（5）：68－80.

［128］周黎安．中国地方官员的晋升锦标赛模式研究［J］．经济研究，2007（7）：36－50.

［129］周黎安．转型中的地方政府：官员激励与治理［M］．上海：格致出版社、上海人民出版社，2008.

［130］郑功成．社会保障：调节收入分配的基本制度保障［J］．中国党政干部论坛，2010（6）：19－22.

［131］Adelmen, I., and Sunding, D. Economic Policy and Income Distribution in China［J］. Journal of Comparative Economics, 1987（9）：444－461..

［132］Alesina, A. and D. Rodrik. Distributive Politics and Economic Growth［J］. Quarterly Journal of Economics, 1994, 109（2）：465－490.

［133］Bardan, Pranab., Decentralization of Governance and Development［J］. Journal of Economic Perspectives, 2000（16）：185－205.

［134］Bardhan, Pranab, Mookherjee, Dilip. Decentralizing Antipoverty Program Delivery in Developing Countries［J］. Journal of Public Economics, 2005, 89（4）：675－704.

［135］ Barro, R. . Government Spending in A Simple Model of En-dogenous Growth ［J］. Journal of Political Economy, 1990, 98 (5): 103 – 125.

［136］ Becker Gary S. Investment in Human Capital: A Theoretical Analysis ［J］. Journal of Political Economy. 1962, 70 (5): 19 – 49.

［137］ Becker G. S. Education and the Distribution of Earning ［J］. American Economic Review, 1966 (56): 358 – 369.

［138］ Benabou, R. Inequality and Growth. NBER Macroeconom-ics Annual, 1996 (11): 11 – 92.

［139］ Bird, Richard M. , Threading the Fiscal Labyrinth: Some Issues in Fiscal Decentralization ［J］. National Tax Journal, 1993, 46 (2): 207 – 227.

［140］ Blanchard O. , A. Shleifer. Federalism With and Without Political Centralization: China versus Russia ［A］. IMF Staff Papers, 2001 (48): 171 – 179.

［141］ Chiswick B. R. Earning Inequality and Economic Develop-ment ［J］. Quarterly Journal of Economics, 1971 (85): 21 – 39.

［142］ Coase, R. H. The Lighthouse in Economics ［J］. Journal of Law and Economics, 1974, 17 (2): 357 – 376.

［143］ Davoodi H. and Zou H. Fiscal Decentralization and Econom-ic Growth: A Cross-country Study ［J］. Journal of Urban Economics, 1998, 43 (2): 244 – 257.

［144］ Friedman, Milton. A Theory of the Consumption Function ［M］. Princeton University Press, 1957.

［145］ Hao, R. , Wei, Z. Fundamental Causes of Inland-coastal Income Inequality in Post-reform China ［J］. The Annals of Regional Sci-ence, 2010, 45 (1): 181 – 206.

［146］ Inman, Robert P. and Rubinfeld, Daniel L. Rethinking Fed-eralism ［J］. Journal of Economic Perspectives, 1997, 11 (4): 43 – 64.

［147］ Jütting, Johannes, Celine Kauffmann, Ida Mc Donnell,

etc. Decentralization and Poverty in Developing Countries: Exploring the Impact [J]. OECD Development Center Working Paper, No. 236, 2004.

[148] Kaldor, N. A Model of Economic Growth [J]. Economic Journal, 1957, 67 (268): 591 – 624.

[149] Kappeler, A., Timo Välilä. Fiscal Federalism and the Composition of Public Investment in Europe. European Journal of Political Economy, 2008, 24 (3): 562 – 570.

[150] Katz Lawrence, David Autor. Changes in the Wage Structure and Earnings Inequality [J]. Handbook of Labor Economics, 1999, (3): 1463 – 1555.

[151] Kelly, M. Inequality and Crime [J]. The Review of Economics and Statistics, 2002, 82 (4): 530 – 539.

[152] Khan, A. R. and Carl Riskin. Inequality and Poverty in China in the Age of Globalization [M]. Oxford University Press, 2001.

[153] Khan, A. R. and Carl Riskin. China's Household Income and Its Distribution: 1995 and 2002 [J]. The China Quarterly, 2005, 6 (182): 356 – 384.

[154] Kuznets Simon. Economic Growth and Income Inequality [J]. American Economic Review, 1954, 45 (1): 1 – 28.

[155] Lewis, W. A. Economic Development with Unlimited Supplies of Labor [J]. The Manchester School, 1954, 22 (2): 139 – 191.

[156] Litvack, Jennie, Junaid Ahmad, and Richard Bird. Rethinking Decentralization in Developing Countries. The World Bank Sector Studies Series, Washington, D. C., World Bank, 1998.

[157] Lucas, Robert E. Jr. On the Mechanics of Economic Development. [J] Journal of Monetary Economics, 1988, 22 (1): 3 – 42.

[158] Mankiw, N. Gregory, David Romer, David Weil. A Con-

tribution to the Empirics of Economic Growth [J]. Quarterly Journal of Economics, 1992, 107 (2): 407 – 437.

[159] Marin, A. , G. Psacharopoulos. Schooling and Income Distribution [J]. Review of Economics & Statistics, 1976, 58 (3): 332 – 338.

[160] Mincer J. Investment in Human Capital and Personal Income Distribution [J]. Journal of Political Economy, 1958, 66 (4): 281 – 302.

[161] Mincer J. Schooling, Experience and Earnings [M]. New York: Columbia University Press, 1974.

[162] Montinola G. , Y. Qian and B. R. Weingast. Federalism, Chinese Style: The Political Basis for Economic Success in China [J]. World Politics, 1995 (48): 50 – 81.

[163] Musgrave, R. A. The Theory of Public Finance: A Study in Public Economy [M]. McGraw – Hill, 1959.

[164] Oates, Wallace E. , Fiscal Federalism [M]. Harcourt Brace Jovanovich, 1972.

[165] Ortega, D. and Rodriguez, F. Are Capital Shares Higher in Poor Countries? Evidence from Industrial Surveys. Working Paper, 2006.

[166] Peacock, Alan T. Public Choice Analysis in Historical Perspective. Cambridge and New York: Cambridge University Press, 1992.

[167] Prud'homme, R. The Dangers of Decentralization [J]. World Bank Research Observer, 1995, 10 (2): 201 – 220.

[168] Qian Y. , G. Roland. Federalism and the Soft Budget Constraint [J]. American Economic Review, 1998 (77): 265 – 284.

[169] Ravallion, Martin and Shaohua Chen. China's (Uneven) Progress Against Poverty [J]. Journal of Development Economics, 2006 (82): 1 – 42.

[170] Romer, Paul M. Increasing Returns and Long – Run Growth

[J]. Journal of Political Economy, 1986, 94 (5): 1002 - 1037.

[171] Samuelson, Paul A. A Pure Theory of Public Expenditure [J]. The Review of Economics and Statistics, 1956, 36 (4): 387 - 389.

[172] Schultz, T. W. Capital Formation by Education [J] Journal of Political Economy, 1960, 68 (12); 571 - 583.

[173] Schultz, Theodore W. Investment in Human Capital [J]. American Economic Review, 1961, 51 (1): 1 - 17.

[174] Schultz. T. W. The Value of the Ability to Deal with Disequilibria [J]. Journal of Economic Literature, 1975 (3): 827 - 846.

[175] Shankar, R. Shah, A. Bridging the Economic Divide Within Countries: A Scorecard on the Performance of Regional Policies in Reducing Regional Income Disparities [J]. World Development, 2003, 31 (8): 1421 - 1441.

[176] Shi, Xinzheng. Empirical Research on Urban - Rural Income Differentials: The Case of China. Unpublished Manuscript, CCER, Beijing University, 2002.

[177] Shleifer, A. R. Vishney. Corruption [J]. Quarterly Journal of Economics, 1993, 108 (3): 599 - 618.

[178] Solow, Robert M. A Contribution to the Theory of Economic Growth [J]. Quarterly Journal of Economics, 1956, 70 (1): 65 - 94.

[179] Tiebout, C. M., A Pure Theory of Local Expenditure [J]. The Journal of Political Economy, 1956, 64 (5): 416 - 424.

[180] Weingast, Barry R. Second Generation Fiscal Federalism: Implications for Decentralized Democratic Governance and Economic Development. Working Paper, Hoover Institution, and Department of Political Science, Stanford University, 2006.

[181] Weingast, Barry R., Second Generation Fiscal Federalism: The Implications of Fiscal Incentives [J]. Journal of Urban Eco-

nomics, 2009 (65): 279 - 293.

[182] World Bank. Sharing Rising Incomes: Disparities in China [R]. The World Bank, Washington D. C, 1997.

[183] Xin Meng. The Role of Education in Wage Determination in China's Rural Industrial Sector [J]. Education Economics, 1995 (3): 235 - 247.

[184] Xin Meng, Harry X Wu. Household Income Determination and Regional Income Differential in Rural China [J]. Asian Economic Journal, 1998 (1): 65 - 88.

[185] Yang, Dennis Tao. Urban - Biased Policies and Rising Income Inequality in China [J]. American Economic Review, 1999, 89 (2): 306 - 310.

[186] Zhao Yaohui. Labor Migration and Returns to Rural Education in China [J]. American Journal of Agricultural Economics, 1997 (5): 1278 - 1287.

致　谢

　　本书是在我的博士学位论文的基础上修改完成的，辍笔之刻，感触颇多！

　　四年时光转瞬即逝，学生生涯宣告结束，我已走向工作岗位，迈入人生新的舞台，心中充满了不舍和感激。

　　最想感谢的是导师李齐云教授。先生温文尔雅，和蔼可亲。四年的博士生涯，我是在先生的悉心指导下不断学习、进步的，是先生一手带着我走进学术领域。从第一篇科研文章的写作，到最后博士论文的完成，无一不是在先生的鼓励和指导下完成的。先生治学严谨，学识丰富，对学术研究踏实认真，这些都深深地影响和感染着我。同时，先生宽厚真诚，乐观豁达的人格魅力同样深深地吸引着我，是我学习的榜样。感谢先生在学习上给予我的鼓励和指导，让我圆满完成了四年的博士学习；感谢先生在生活上给予我的深深关怀和帮助，让我在迷茫和无助的时候能够坚定地走下去！

　　此外，感谢樊丽明教授，您精湛的学术造诣和严谨周密的逻辑思维使我受益良多，您提出的宝贵建议更使我顺利完成了博士论文写作。感谢李文教授、陈东教授、解垩教授、李华教授、李一花教授、汤玉刚老师、石绍宾老师和东北师范大学经济学院史桂芬教授在博士论文选题、框架设定和后期写作中所给予的宝贵修改意见。感谢在博士论文开题、预答辩和答辩过程中给予我建议的安体富教授、岳军教授、高鉴国教授。感谢师妹迟诚在博士论文实证检验中付出的辛苦。感谢东北师范大学经济学院张大龙教授、史桂芬教授、侯明教授和王春玲老师在硕士阶段学习中所给予的帮助与指导！感谢师妹李娟娟在学习中的相互交流和生活上的经济支援！感谢各位学术界的前辈和同仁，你们的研究是我科研的基础，为我带来灵感和新的思想火花。"我所以能看得更远，是因为我站在巨人的肩膀上。"

回首来路，四年时光转瞬即逝；再回首，25年学生生涯就此宣告结束。此刻，心绪难平，思绪万千，欲语泪流……

首先，感谢父母的养育之恩和辛勤教诲。感谢父亲在我为人处世和待人接物方面的教诲，使我受益终生！特别感谢母亲甄淑凡女士。母亲不畏艰难困苦，一心付出，在极度困难的条件下支撑维持着一个破碎的家，抚养年幼的我，行走在布满荆棘的路上。母亲不言辛苦，挺着病体，受着病苦无尽的煎熬，无怨无悔，默默地为这个家、为我付出着，直至耗尽生命最后一丝心血。母亲突然的撒手人寰使我错愕不及，难以置信，悲痛万分，号啕难抑！母亲没有给我留下报答亲恩的机会，多少次泪湿双眼不忍离开母亲的坟墓，总想多陪陪母亲，以报一二！从此母子阴阳两隔，若想再见，除非梦中！

其次，感谢老舅甄玉申先生。在我年幼家庭破碎之时，是老舅带领三姨甄淑兰、二舅甄玉举、二哥王百顺、老哥王百胜等众亲友慷慨支援、扶持母亲和我。从田间地头的辛苦劳作，到收割打场的忙碌，再到学业中的财力支持，无不渗透着老舅和众亲友的爱和汗水。扶持之恩如同再造，永世难忘！

再次，感谢东北师范大学赵玉宝老师。我的学业之路能够走到今天，玉宝老师功不可没。最初自考班上的教导与鼓舞，使我毅然放弃中专毕业时学校提供的良好工作而选择通过自学考试考研。在此期间，玉宝老师关怀备至。从自考班学费缓交，到职业生涯规划，到我和我爱人顺利考研，再到博士毕业后的就业选择，老师无不悉心指导、宽慰。玉宝老师为人师表，堪称楷模。当我经济拮据时，老师总是倾囊相助，所借钱款几年都无法偿还，而老师却从不提及。当其他学生无法支付学费时，老师1万、2万地慷慨相助，却不计较学生能否归还。玉宝老师是我学习的榜样，是我做人的标杆！

最后，感谢我的爱人姜元园女士。她不计较我贫困的家境毅然选择与我同走艰难之路。我没有给她华丽的服饰和高档的化妆品，我更没有给她豪华的车子与漂亮的房子，而她却从不计较，还与我一同摆地摊、做兼职。由于条件所限，我们住在学校附近的平房，夏日的酷暑与冬日的寒冷并没有拆散我们相爱的心。她的无怨无悔和默默付出使我潜心学术，专谋科研。"执子之手，与子偕老"，我别无他言！感谢女儿慧淋和慧熙，她们的出生为这个家带来无尽的幸福与欢乐。小家伙们白皙胖乎，一逗就笑，看到她们，我疲意全消，动力无限！特别是大女儿慧淋清脆的"爸"更是令我感受到了作为父亲的人伦之乐！

感谢山东省公共经济与公共政策研究基地对本书的支持；感谢经济科学出版社宋涛先生、段小青女士辛苦出色的编辑工作；感谢山东大学商学院各位领导、同仁对我工作和生活的关心、关爱与支持；感谢母校东北师范大学和山东大学为我们提供良好的学习环境与支持，愿母校的明天灿烂辉煌；感谢国家为我们提供的资助与和平安宁的发展环境，愿祖国风调雨顺，国泰民安；感恩社会大众的辛苦劳作，使我们享受到了吃穿住行等各种便利，这已超出金钱所能衡量的，愿众生和乐幸福；感恩自然和大地带给我们的风雨调和和一切滋养……

小时候我喜欢坐在火车靠窗的位置，眺望远处的风景并思考一些问题；现在，我站在人生新的起点上，再次眺望远方，肩上承担更多责任的同时继续前行！"路漫漫其修远兮，吾将上下而求索！"

马万里
2015 年初秋于威海玛珈山下